맑스와 사귀기

맑스와 사귀기

조현수 지음

필맥

필자는 대학에서 강의를 하면서 대학생을 포함한 일반인에게 칼 맑스(Karl Marx, 1818~1883)가 도대체 어떤 인물이었는가를 간결하게 전달해야 할 필요성을 느꼈습니다. 이 책은 그 필요성을 충족시키기 위해 집필한 것입니다. 그런 까닭에 맑스에 관해 깊이 공부하고자 하는 독자에게는 이 책이 별 필요가 없을지도 모릅니다. 이미 시중에는 맑스에 관해 전문적으로 다룬 책들이 상당히 많이 나와 있습니다. 맑스에 관해 깊이 있는 연구를 하고 싶다면 그런 책들에서 많은 도움을 얻을 수 있을 것입니다.

세상이 참 많이도 변했고, 또 변해가고 있습니다. 특히 정보기술 및 자연과학이 발전하는 속도와 범위는 엄청납니다. 맑스가 사망한 지도 어느덧 백 년이 훌쩍 넘었습니다. 그가 살아서 활동한 시기는 19세기였고, 우리는 지금 21세기에 살고 있습니다. 이러한 시대사적 환경 속에서 19세기에 작성된 글들이, 그리고 인물이 무슨 의미를 지니겠냐고 반문할 수 있습니다. 더욱이 맑스는 자본주의 체제를 옹호하기는커녕 무지막지하게 비판한 인물이었기에 그런 반문은 상당히 타당합니다. 역사적으로 볼 때 이른바 '실존 사회주의' 국가들은 자본주의 국가와의 체제경쟁에서 패배하고 말았으니까요. 맞습니다. 역사는 승리한 자를 대변하지 결코 패배한 자에 대해 연민의 정을 가지고 기록하지 않습니다. 맑스 역시 이 점을 너무나 잘 알고 있었습니다. 그에게 있어 역사는 '계급투쟁의 역사' 이며, 이 계급투쟁에서 승리한 자가 역사를 이끌어 가는 것입니다.

'계급투쟁의 역사' 란 곧 힘의 역사를 말하고, 이는 결국 권력의 역사를 말합니다. 맑스는 이 힘의 역사가 지니는 보편적 성격에 의문을 제기합니다. 힘의 역사가 사회구성원들의 보편적인 욕구를 대변하고 있다면, 그것은 별로 문제가 되지 않을 것입니다. 그런데 이 역사는 사회구성원들의 보편적인 욕구를 대변하지 않고, 주로 특정한 집단의 특수한 이해관계를 대변하고 있습니다. 맑스의 문제제기는 바로 여기서 출발합니다. 그는 인간의 실질적 평등을 바탕으로 한 자유와 해방을 요구하고 있는 것입니다.

이러한 맥락에서 맑스는 자본주의의 내재적 논리 혹은 운동법칙에 대해 성찰합니다. 자본주의는 인간의 자유를 외치면서도 한편으로는 정치적, 법적, 이데올로기적 장치를 동원하고, 나아가 경제적 장치의 기본단위인 '시장' 을 통한 경쟁이라는 도구를 사용하면서 힘의 역사를 정당화하고 있습니다. 특히 오늘날 세상을 지배하고 있는 신자유주의적 자본주의는 무제한의 경쟁을 개인에게 요구하면서 이 경쟁을 통해 개개인의 자아를 성취하라고 광고합니다. 계약의 자유 속에서, 노동할 수도 있고 안 할 수도 있는 자유 속에서, 투표에 참여할 수도 있고 안 할 수도 있는 자유 속에서 개개인의 능력에 따라 경쟁하라고 요구합니다.

여기서 잠깐 질문해 봅시다. 누구를 위한 경쟁입니까? 무엇을 위한 경쟁입니까? 맑스는 이러한 사회적 분위기를 비판하고 있습니다. 맑스 역시 인간 사이의 경쟁이 필요하다는 점을 인정하고 있습니다. 문제는 그 경쟁이 지니는 의미입니다. 맑스가 볼 때 자본주의 아래서의 경쟁은 이윤을 향한 경쟁이며, 이 경쟁은 공동체 속에서 한 집단이 다른 집단을 수탈하여 이기적 욕구를 실현함으로써 이루어지는 것이었습니다. 간단히 말해, 노동자 계급에 대한 자본가 계급의 착취를 통해서 말입니다. 물론 맑스가 살았던 시절의 자본주의 상황과 지금의 상황을 단적으로 비교하는 것은 적절하지 않습니다. 분명히 오늘날 노동자들의 상황은 그 당시와 비교할 수 없을 정도로 좋아졌습니다. 이러한 상황에서 맑스의 생각들을 기계의 부품을 조립하듯이 오늘날의 상황에 일방적으로 끼워맞춰 조립하면 그 누구도 반기지 않을 것입니다. 역사적으로 볼 때 자본주의 체제 또한 스스로의 문제점을 인식하고 그 문제를 시정하고자 많은 노력을 기울여 왔습니다. 이 점은 분명한 역사적 사실인 까닭에 가치판단의 문제를 넘어서서 인정해야 합니다.

자본주의가 스스로의 문제점을 인식하고 계속 시정해 나가는 것은 공동체의 발전을 위해 바람직한 현상입니다. 하지만 다른 생각을 가진 이들도 많습니다. 맑스가 자본주의 사회를 향해 비판의 칼날을 들었던 가장 큰 이유는 이 사회 속에서 생활하고 있는 인간의 삶은 소외된 삶이라고 판단했기 때문입니다. 맑스는 분명히 이야기합니다. "개인의 자유로운 발전이 모든 사람들의 자유로운 발전을 위한 전제조건"이라고 말입니다. 맑스가 가장 중요하게 여긴 것은 개별성과 정체성을 지닌 개인의 자유로운 삶이었습니다. 그는 이런 삶을 실현시킬 수 있는 사회를 항상 마음속에 간직하고 실현해내려 했습니다. 맑스는 자본주의가 봉건주의보다는 더 나은 사회라고 생각했지만, 인간의 '자유' 혹은 '자유의 실현'을 위해서는 청산해야 할 과제가 남아 있다고 진단합니다. 그래서 등장하는 단어가 '공산주의'입니다.

필자는 맑스의 사상이 오늘날 어떠한 의미를 담지하는지를 고찰하고자 합니다. 독자는 맑스의 사상을 그대로 수용할 필요는 없습니다. 단, 그 의미를 현재의 상황과 연관지어 진지하게 한번 생각해 볼 것을 필자는 권합니다. 특히 공동체 속에서 함께 생활하는 모든 이들의 삶의 질을 향상시킨다는 의미에서 말입니다. 인간의 행복, 공공선, 자유, 실존 등의 어휘에 대해 자문해 봅시다. '공산주의 사회란 하나의 몽상에 불과하다'라는 단정은 잠시 접어두고, '개인과 공동체의 행복한 삶은 과연 어디에서 찾을 수 있을까'라는 관점에서 맑스의 외침에 귀를 기울여봅시다. 여러분을 이런 성찰의 길로 안내하는 것이 바로 이 책의 궁극적 목적입니다.

마지막으로 이 책의 구성과 관련하여 간략하게 몇 자 적고자 합니다. 저는 이 책에서 인용문에 대한 정확한 출처를 따로 적지 않았습니다. 참고문헌도 적지 않았습니다. 그 이유는 맑스를 전공하고자 하는 분들은 따로 맑스의 원전과 독대하면 될 것이고, 여타 독자들은 그저 맑스가 이러한 생각을 지니고 실천한 인물이었구나 하는 점에 초점을 두면서 이 책을 대하면 되기 때문입니다. 필자의 소박한 바람이 있다면 맑스의 사상을, 자본주의 사회에 대한 그의 진지한 성찰을 여러분에게 전해 주는 것입니다. 더불어 여러분들이 이 책을 통해 '맑스가 이러한 사회적 인식을 가지고 그것을 실천으로 옮기고자 노력했던 인물이었구나' 하는 사실을 이해했으면 하는 것입니다.

끝으로, 보잘것없는 이 글의 출판을 위해 수고해주신 분들께 감사의 마음을 전합니다.

2007년 1월

조현수

차 례

1장

맑스의 생애

맑스의 생애

경제와 지적 생활의 연관성에 대한 맑스의 통찰을 언급하지 않고 사회에 관해 생각할 수 있을까! 그만큼 맑스의 이념은 사회학, 역사, 철학, 문학, 그리고 예술에 지대한 영향을 미쳤다. 더 중요한 사실은 그의 사상 및 철학이 오늘날의 사회를 구성하는 데 직접적인 영향을 끼쳤다는 점이다. 요컨대 맑스의 이념은 사회주의 국가 건설과 자본주의 체제의 재편성에 상당한 영향을 미쳤다.

　이러한 맥락에서 맑스가 미친 영향을 예수나 마호메트 같은 종교적 인물들이 미친 영향에 비견한다면 너무 과장된 평가일까? 맑스가 미친 영향은 비단 공산주의 사회에만 국한된 게 아니다. 이는 그 누구도 부정하지 못할 것이다. 만일 부정하는 이가 있다면 그는 역사적 사실관계를 무시하는 독단적인 사람일 것이다. 그렇다고 해서 맑스를 숭배하고 우상화하자는 것은 결코 아니다. 적어도 이데올로기적인 평가를 지양하고 객관적으로 평가하자는 것이다. 자유주의자, 보수주의자, 나아가 전체주의자들조차도 맑스의 사상이 미친 영향을 피해가거나 무시할 수 없다. 비록 현재의 세계사적 국면이 냉전체제라는 상황을 벗어나 (신)자유주의에 기초한 자본주의가 '최후의 승리'를 일방적으로 외쳐대는 상황이라 할지라도, 과학기술의 눈부신 발전을 배경으로 사람들이 맑스의 기본적 시각에 의문을 제시하거나 아예 맑스의 사상 자체를 불필요한 것으로 단언해 버리는 상황이라 할지라도 말이다.

자본주의 체제와 공산주의 체제가 서로 팽팽히 맞서던 시절에는 각국이 혁명의 위협이 없을 때에도 국가안전이란 명목 아래 군비지출을 늘리고 개인의 권리를 제한했다. 특히 한반도는 두 체제 간 대립의 구도가 그 어느 곳보다 극명한 지역이 아닌가. 때문에 우리 사회에서 맑스에 대한 객관적 평가가 이루어질 수 없었음은 당연지사였다. 그러나 세계를 감싸던 냉전의 기운은 점차 쇠락하고, 이제 우리 사회는 자유롭게 맑시즘을 토론할 수 있는 분위기가 됐다. 정말 다행스러운 일이다. 지금 세계는 세계화로 대변되는 신자유주의적 국제질서 아래 새롭게 재편되고 있다. 그런데 이런 자본주의의 세계화는 맑스가 말한 역사적 단계들 중 하나다. 이는 지금이 그 어느 때보다 더 맑스와 그의 메시지가 주는 의미를 되돌아보아야 할 시기임을 뜻한다.

필자는 이 글에서 자본주의 발전에 대한 통계적 차원에서의 구체적인 상황 분석은 하지 않겠다. 중요한 것은 자본주의 체제가 지니는 속성과 그 의미이기 때문이다. 여기서는 맑스의 출생에서 출발하여 그가 과연 어떠한 삶을 살았고,

그의 사상과 철학이 사람들에게 전달하려 했던 게 무엇인지에 관해 이야기하겠다. 이 글의 목적은 단지 맑스가 어떤 인물인가를 학생 및 일반인에게 알리는 데 있다. 그의 사상을 수용할 것인가 거부할 것인가는 순전히 독자들의 판단에 달려 있다. 그리고 그 판단은 누구도 강요할 수 없는 문제다.

위대한 사상가의 탄생

칼 하인리히 맑스(Karl Heinrich Marx)는 1818년 5월 5일에 독일의 라인란트 주 트리어의 브뤼켄가세 664번지에서 변호사의 아들로 태어나 1883년 3월 14일 사망했다. 그는 지금 런던에 있는 하이게이트 공동묘지에 쓸쓸히 잠들어 있다.

그의 부모인 하인리히 맑스와 헨리에타는 유대인 혈통이었지만, 맑스가 법률을 공부하여 윤택한 생활을 할 수 있도록 하기 위해 명목상으로 프로이센의 국교인 루터파의 신교로 개종했다.

맑스의 부모는 종교와 정치에서 급진적이지는 않았지만 자유주의적인 견해를 가지고 있었다. 맑스의 아버지는 라인란트에서 일어났던 자유주의 운동, 즉 대의제도에 기반한 입헌군주제의 도입 운동에 적극적으로 가담했으며, 트리어 변호사협회 의장직을 맡고 있었다. 당시 프로이센 정부는 유대인들이 공직에 참여하는 것을 금하고 있었다. 맑스 역시 이러한 부모의 성향에 분명히 영향을 받았으리라 추측해 볼 수 있다. 비록 대학 전공을 선택하는 데 있어 부자 사이에 충돌이 생기기는 했지만.

법학에서 철학으로

맑스는 1830년 10월에 트리어에 있는 프리드리히 빌헬름 김나지움에 입학해서 1835년 9월 24일에 졸업장을 받았다. 그의 본격적인 지적 훈련은 열일곱 살에 시작됐다. 그는 아버지의 권유에 따라 법학을 공부하기 위해 1835년 10월 15일 본 대학 법학과에 입학했다. 하지만 법학은 그의 적성에 맞지 않았다. 그는 문학을 사랑하는 낭만적인 청년이었다. 그는 연인인 예니 폰 베스트팔렌(Jenny von Westphalen)에게 사랑의 시를 써 바치곤 했다. 맑스의 아버지는 이를 못마땅하게 여겼다. 그래서 아들을 멀리 베를린으로 보내기로 결정했다.

1836년 10월에 맑스는 베를린대학 법학과에 등록했다. 법학을 공부하면서 틈틈이 철학, 역사, 예술사 등의 강의를 듣던 그는 결국 아버지의 뜻을 거역하고 법학 대신 철학을 공부하기로 마음먹었다. 물론 아버지는 아들의 결정을 받아들이지 못하고 불같이 화를 냈다. 모든 부모가 그렇듯 맑스의 아버지 역시 아들이 경제적으로 어려움을 겪지 않기를 바랐다. 하지만 맑스가 자신의 진로에 관해 진지하게 생각하게 만든 사건은 아버지의 책망이 아니라 죽음이었다. 왜냐하면 맑스는 아버지로부터 생활비를 받고 있었기 때문이다.

1837년 4월부터 8월까지 맑스는 헤겔 철학에 집중적으로 몰두했다. 그는 이 시기에 '젊은 헤겔주의자'인 브루노 바우어, 칼 프리드리히 쾨펜 등을 알게 됐다. 1839년 초에서 1841년 3월까지는 그리스 철학을 공부했으며, 특히 유물론적 철학자인 에피쿠로스의 자연철학 이론에 몰두했다.

맑스의 아내 예니 폰 베스트팔렌

　　법학에서 철학으로 방향을 바꾸었을 때부터 이미 그는 유물론에 관심을 가지고 있었다. 그는 대학에서 강의를 하겠다는 생각으로, 그리스의 유물론적 철학자인 데모크리토스의 자연철학과 에피쿠로스의 자연철학의 차이를 주제로 논문을 써서 스물세 살에 박사학위[1]를 받았다. 그런데 맑스의 박사학위는 베를린대학이 아닌 예나대학에서 취득한 것이다. 베를린대학보다 좀 더 개방적인 예나대학에서 논문심사를 받으라는 스승 브루노 바우어의 권고에 따라 예나대학의 철학과 교수인 칼 프리드리히 바흐만에게 자신의 논문을 보낸 것이다. 1841년 4월 15일에 맑스는 예나대학 철학과에서 박사학위를 받았다. 하지만 대학 강단에 서려던 그의 꿈은 끝내 이루어지지 않았다. 좌파 헤겔주의자인 맑스에게 강의할 기회를 주는 대학은 어디에도 없었다.[2]

파리, 브뤼셀, 런던 시절

맑스는 대학 강단에 서는 것을 포기하고 기자가 됐다. 그는 1842년에서 1843년 사이에 쾰른에 있는 자유주의적 성향의 〈라인신문(Rheinische Zeitung)〉에서 일했다. 〈라인신문〉의 정식 명칭은 〈정치, 무역, 상업을 위한 라인신문(Rheinische

---

1 맑스의 박사학위 논문의 제목은 《데모크리토스와 에피쿠로스 자연철학의 차이(Differenz der demokritischen und epikurischen Naturphilosophie)》다.
2 이른바 '좌파 헤겔주의자'들은 대학에서 강의를 할 수 없었다. 프로이센 정부는 직업금지 정책을 통해 정부에 비판적인 입장을 취하는 학자들에게는 그 어떤 일자리도 제공하지 않았기 때문이다. 루드비히 포이어바흐도 대학에서 강의를 할 수 없었고, 맑스의 스승 브루노 바우어도 해고됐다. 1841년 7월 초에 맑스는 본대학에서 강의하기 위해 본으로 갔지만, 끝내 강단에 서지 못했다.

Zeitung für Politik, Handel und Gewerbe)〉으로 맑스는 1842년 4월에 이곳의 기자가 되었고, 1842년 10월부터는 편집장으로 일했다.

그는 여기에서 사회, 정치, 그리고 철학적 쟁점들에 관한 글을 썼다. 하지만 그의 편집자 생활은 오래가지 못했다. 이 신문에 대한 대중의 관심이 커감에 따라 프로이센 정부의 검열도 심해졌다. 맑스는 모젤 계곡에 사는 포도 재배자들의 빈곤에 관한 시리즈 기사를 썼는데, 이 글은 선동적인 것으로 간주되었다.[3] 프로이센 정부는 결국 〈라인신문〉을 폐간시키기로 결정했다.

맑스는 프로이센 정부가 자신의 자유를 박탈해간 것을 유감스럽게 생각하지 않았다. 이제 편집의 의무에서 해방된 그는 본격적으로 헤겔의 정치철학에 대한 비판적 연구를 시작했다.

이 무렵 그는 독일에서는 자신의 사상을 자유롭게 펼쳐 보일 수 없다고 판단

3 맑스는 1842년 트리어 근처에 있는 모젤 계곡에서 발생한 장작(나무) 절도 사건을 조사한 적이 있었다. 농부가 귀족의 숲에서 장작을 모아 가져가는 것은 그동안 암묵적으로 허용되는 행위였다. 그런데 어느 순간 귀족들이 자기 재산에 대해 자본주의적 관점을 갖기 시작했다. 이때부터 농부와 귀족 사이에 갈등이 빚어졌다. 즉, 농부가 주장하는 관습적인 권리가 법에 의해 규정된 사적 재산권 개념과 충돌하게 된 것이다. 당시에 나무 절도는 독일에서 단일 범죄로서는 가장 중벌에 처해지는 위법행위였다. 이 사건은 재산소유자와 무소유자 사이의 투쟁을 단적으로 보여주었다. 나무 절도에 관한 법률이 라인란트 의회의 분과위원회에 상정됐을 때 맑스는 법행정뿐만 아니라 절도죄를 구성하는 내용이 단지 재산소유자의 이해관계만을 대변하고 있다는 점을 알게 되었다. 지주계급이 장악하고 있었던 의회는 숲 속에 떨어져 있는 나무는 누구나 주워 갈 수 있다는 종래의 관습법을 무시하면서 지주계급의 이익만을 일방적으로 도모했다. 이 사건을 접한 맑스는 법적으로 보장된 권리만을 내세우는 지주계급을 가난한 자의 육체에서 살점을 도려내는 샤일록(셰익스피어의 희곡 《베니스의 상인》에 등장하는 유대인 고리대금업자)에 비유했다. 이러한 맑스의 생각은 나중에 역사에 대한 유물주의적 개념 혹은 해석으로 이어진다. 맑스가 볼 때 사적 재산권은 '임의적인 권리(willkürliches Recht, 헤겔의 표현)' 혹은 '타인을 배려하지 않고' 행동할 수 있는 권리에 불과했다. 또한 고리대금업자(Schacher)라는 단어는 '물불 가리지 않고 저열하고 소인배적 방식으로 항상 이득을 남기려고 하는 사람'을 비유하는 말로 사용됐다.

하고 독일을 떠나기로 마음먹었다. 또 그에게는 코앞에 직면한, 서둘러 해결해야 할 보다 현실적인 문제가 있었다. 그것은 7년 동안이나 교제한 예니와의 결혼 문제였다. 당시 맑스에게 결혼은 그리 쉽게 해결할 수 있는 문제가 아니었다. 결혼을 하려면 돈이 있어야 하는데 그는 수입이 전혀 없는 실업자였기 때문이다. 그러나 머지않아 그는 해결책을 찾았다. 전도유망한 젊은 저술가라는 명성 덕분에 새로운 잡지인 〈독불연보(Deutsch-Französische Jahrbücher)〉의 공동편집자로 일할 수 있는 기회를 가지게 된 것이다. 1843년 6월 19일 맑스는 예니와 결혼식을 올렸다.

맑스와 예니는 1843년 가을에 파리로 건너갔다. 진보적 사상의 중심지였던 파리에서 맑스는 급진주의자, 사회주의자들과 교제하기 시작했다. 파리 생활은 맑스가 자신의 사상을 형성하는 데 중요했다. 당시 파리에서는 다양한 사상들이 활개를 치고 있었다.

그는 1844년에 앞으로 자신의 영원한 동지가 될 프리드리히 엥겔스(Friedrich Engels, 1820~1895)를 만났다.[4] 엥겔스는 산업부르주아계급 출신이었다. 그는 영국 맨체스터에서 면직공장을 운영하는 독일 출신 산업자본가의 아들이었음에도 불구하고 혁명적 사회주의자였다. 엥겔스도 〈독불연보〉에 글을 기

---

4 맑스와 엥겔스가 처음으로 만난 것은 1842년 11월 중순경이라고 한다. 그들의 만남은 엥겔스가 영국 여행길에 〈라인신문〉의 편집부를 방문하면서 이루어졌다.

고했다. 맑스가 자신의 경제적인 사고체계를 완성하는 데는 엥겔스의 영향이 매우 컸다.

1844년 내내 맑스는 자신의 철학적 생각들을 서로 접목시키는 작업을 했다. 이 작업 자체가 정치학, 경제학, 그리고 역사과정의 개념을 포함하는 광범위한 의미에서의 철학이었다. 이제 맑스는 자신을 공산주의자라고 부를 각오가 되어 있었다. 이는 그리 놀랄 일이 아니었다. 당시 파리에는 온갖 종류의 사회주의자와 공산주의자들이 넘쳐났다. 파리에서 맑스와 엥겔스는 공동작업을 했다. 이 공동작업의 결과로 1845년에 《신성가족(The Holy Family)》이 출간됐다. 이 책은 맑스가 최초로 출간한 책이다.

〈독불연보〉에서 일하는 동안 맑스는 두 편의 글을 써서 게재했다. 프로이센 정부는 이 글에 담긴 공산주의적, 혁명적 이념을 문제 삼아 맑스를 체포하려 했다. 이로 인해 맑스는 독일로 돌아갈 수 없는 정치적 망명자가 되었다. 〈독불연보〉를 그만두어야 했음은 물론이다. 그는 다시 직업을 잃게 됐다. 하지만 이때 맑스는 〈라인신문〉의 이전 주주들로부터 상당히 많은 돈을 받았기 때문에 굳이 직업을 가지지 않아도 됐다.

맑스는 프로이센 정부의 요청에 따라 1847년에 프랑스에서 추방됐다. 맑스와 그의 가족(부인 예니와 큰딸 예니)은 브뤼셀로 이동했다. 브뤼셀로 옮겨간 후 맑스와 엥겔스의 우정이 더욱 깊어지고 공동작업이 본격화됐다.

브뤼셀에 체류하기 위해 맑스는 정치에 참여하지 않겠다는 약속을 해야만 했다. 하지만 그는 '공산주의자 통신위원회(Communist Correspondence Committee)' 를 조직함으로써 약속을 깼다. 맑스는 이렇게 약속을 깨고 정치활동을 벌였음에도 불구하고 브뤼셀에 3년 동안 체류할 수 있었다. 브뤼셀에서 부인 예니는 둘째 딸 라우라를 출산했다.

맑스와 엥겔스는 새로운 산업시대의 심장부인 맨체스터에서 경제학을 공부하기 위해 6주 동안 영국을 여행했다. 여행에서 돌아오는 길에 맑스는 경제학에 관한 저술을 연기하기로 결정했다. 자신의 확고하고 새로운 이론을 쓰기 전에 먼저 독일의 철학적 사회주의 서클에서 유행하고 있는 대안적인 이념들을 물리쳐야 한다고 판단했기 때문이다. 이러한 생각의 결실로 탄생한 것이 바로《독일 이데올로기(Deutsche Ideologie)》다.

브뤼셀 시절 맑스는 프랑스의 선도적인 사회주의자인 프루동을 공격하는 논쟁적인 글을 썼다. 맑스는 프루동의 입장을 '권위에 대한 미신적인 태도' 라고 비판했다. 맑스는 자신의 이념을 너무나 확신한 나머지 자신의 생각과 다른 의견들에 대해 관용을 베풀지 않는 태도를 취했다. 이로 인해 '공산주의자 통신위원회' 와 '공산주의자 연맹' 에서 언쟁이 자주 발생했다.

맑스는 1847년 12월에 새로 설립된 '공산주의자 연맹(Communist League)' [5]

....

[5] '공산주의자 연맹' 은 1847년에서 1852년까지 존재했다. 이 연맹은 원래 1836년에서 1838년 사이에 설립된 '정의 연맹(Bund der Gerechten, Bund der Gerechtigkeit)' 을 개명한 것이다.

회의에 참석하여 공산주의 활동의 토대들에 관한 자신의 이념을 설파할 기회를 가졌다. 공산주의자 연맹은 맑스와 엥겔스에게 연맹의 교의를 작성하는 임무를 맡겼다. 그 결과물이 바로 1848년 2월에 출판된《공산당선언(The Communist Manifesto)》이다. 이 글은 맑스 이론의 고전적인 초안이 되었다. 여기서 잠깐《공산당선언》과 관련해 당시의 시대적 배경에 관해 언급해 보자.[6]

《공산당선언》이 발간되기 전인 1845년과 1847년 사이에 영국과 프랑스의 경제는 침체되기 시작했다. 이로 인해 사회의 불안감이 증폭됐다. 설상가상으로 감자 농사는 흉작이었고 무더운 여름기후 때문에 식료품 가격은 하늘 높은 줄 모르고 치솟았다. 당시 사람들은 소득의 대부분을 식료품 구입에 지출하고 있었다. 때문에 식료품 가격이 폭등하자 소비자들은 다른 생산품들을 구입할 돈이 없어졌다. 당장에 제조품에 대한 수요가 줄어들었고, 이는 곧 제품 가격과 기업가 이윤의 하락을 초래했다. 기업들은 생산량을 줄이고 노동자들을 대거 해고하기 시작했다. 농부와 지주들도 계속된 작황의 불안으로 엄청난 빚을 지게 되었다. 은행가는 대부금의 회수를 걱정해야만 했다. 결국 많은 은행들이 파산하고 공장이 문을 닫게 됨으로써 실업자는 더욱 증가하게 되었다. 사회는 곤궁과 불안 속에서 갈팡질팡하고 있었다.

----

6 이 점에 관한 자세한 설명은 Hans-Ulich Wehler, *Deutsche Gesellschaftsgeschichte*, 제2권, *1815~1845/49*, Munich 1987; Jonathan Sperber, *The European Revolutions, 1848~1851*, Cambridge, 1994. 참조.

이러한 상황을 간단히 도식화하면 아래와 같다.

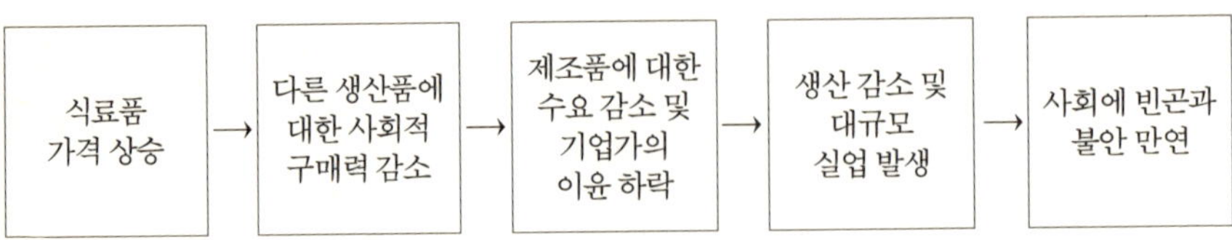

독일의 사정도 마찬가지였다. 1848년 라인란트 시 인구의 3분의 1이 극빈 상태였고, 인구의 40퍼센트가 기아선상에서 가까스로 삶을 이어가고 있었다. 그리하여 유럽사회 일반에서는 이른바 '적색 공포', 즉 '공산주의'라는 유령에 대한 공포가 중산계급 이상의 구성원들을 덮쳤다. 《공산당선언》은 바로 이런 상황 속에서 탄생한 것이다.

1848년에 맑스는 다시 쾰른으로 돌아갔다. 거기서 그는 〈신라인신문(Neue Rheinische Zeitung)〉을 편집했다. 이 신문은 혁명을 행했던 폭넓은 민주주의 운동들을 지지하면서 유명세를 탔다. 하지만 독일에서 혁명이 일어날 것을 두려워한 프로이센 정부는 이 신문의 출간을 금지시키고 맑스를 또다시 추방하기로 결정했다. 결국 맑스는 1849년 8월 24일 런던으로 떠나야 했다.

독일에서 추방당한 후 맑스는 생을 마감할 때까지 런던에서 살았다. 런던으로 가는 배에 오르면서 그는 독일에서 혁명이 일어나기를 기원했다. 머지않은 훗날에 혁명이 일어나면 자신의 공산주의 이념을 독일에서 마음껏 펼칠 수 있으리라 확신했다. 그러나 그가 바랐던 독일혁명은 일어나지 않았다.

　　런던 생활의 시작은 그리 순조롭지 않았다. 그의 가족은 매우 가난했다. 그들은 소호에 있는 방 두 칸짜리 집에 살았다. 예니는 넷째를 임신 중이었다.[7] 그 와중에도 맑스는 '공산주의자 연맹'에 적극적으로 참여하며 정치활동을 벌였다. 그는 이 연맹의 쾰른위원회 구성원들을 지지했다. 그러나 쾰른위원회는 프로이센 경찰의 조작에 의해 유죄판결을 받았고, 맑스는 이 위원회를 "더 이상 시의적절하지 않다"고 판단하여 해체했다.

　　한동안 맑스는 어떤 정치적 조직과도 접촉하지 않은 채 고독한 생활을 했다. 일정한 수입원이 없었기 때문에 경제적으로 어려웠던 그는 철도사무원 채용에 응시했지만 판독하기 어려운 악필이라는 이유로 떨어졌다. 유감스럽게도 맑스는 전당포의 정기적인 단골고객이 됐다. 그러나 맑스에게는 친구들이 있었다. 특히 엥겔스는 재정적으로 많은 도움을 주었다. 예니의 하녀인 헬레네 데무트는 맑스가 죽을 때까지 그의 가족과 함께 살았다.[8]

　　초기 런던 생활의 불행은 단지 재정적인 면에만 그치지 않았다. 넷째 에드가가 여덟 살의 나이로 죽었다. 예니는 다시 임신을 했으나 새로 태어난 아이 또한 일 년도 안 돼 죽고 말았다.

----

[7] 아들 에드가(Edgar)는 브뤼셀에서 태어났다.
[8] 맑스와 헬레네 데무트 사이에 아들이 하나 있었다. 그의 이름은 프레데릭(Frederick)으로 1851년에 태어났다. 그러나 맑스는 이 아이를 직접 양육하지 않았다.

1852년 쾰른 공산당 재판. 이 재판은 '공산주의자 연맹' 이 해체되는 결정적 계기가 됐다.

1852년부터 맑스는 안정적인 수입을 얻게 됐다. 이전에 쾰른에서 만났던 〈뉴욕 데일리 트리뷴(New York Daily Tribune)〉의 편집인이 그에게 기고해줄 것을 요청했다. 맑스는 기꺼이 동의했다. 이후 10년 동안 〈뉴욕 데일리 트리뷴〉은 맑스가 쓴 글을 거의 매주 실었다.[9] 1856년에 맑스 가족의 재정 상황은 훨씬 더 좋아졌다. 예니가 상속을 받았기 때문이다. 맑스 가족은 방 두 칸짜리 좁은 집에서 방이 여덟 칸이나 있는 넓은 집으로 이사할 수 있었다. 이 해에 셋째 딸 엘레아노르가 태어났다.[10] 맑스는 자녀들에게 온화하고 사랑이 넘치는 아버지였다.

경제적으로 안정을 되찾은 맑스는 평소 생각해온 이념을 글로 쓰기 시작했다. 1857년과 1858년은 맑스에게 가장 생산적인 시기였다. 이 시기에 그는 엥겔스에게 "작업에 미쳐서 밤을 새기 일쑤"라고 말하곤 했다. 6개월 동안 맑스는 800쪽이 넘는 《자본(Das Kapital)》의 초고를 썼다. 1859년에는 《정치경제학 비판을 위하여》라는 적은 분량의 경제학 연구서를 출간했다. 하지만 이 책은 서문을 제외하고는 맑스의 이념을 그다지 많이 담지 못했다.

이즈음 맑스는 좌파 정치가이자 편집인인 칼 포크트와의 반목으로 인해 마음이 혼란스러웠다. 맑스는 포크트가 프랑스 정부에 매수된 첩자라고 주장했다. 그런가 하면 포크트는 맑스를 날조자이자 악마라고 비난했다. 이에 맑스는 포크

---

9 사실 〈뉴욕 데일리 트리뷴〉에 기고한 글 전부를 맑스가 쓴 것은 아니다. 그중에는 비밀스럽게 엥겔스가 쓴 글들도 있다고 한다.
10 맑스는 이 딸을 투시(Tussy)라고 불렀다.

헬레네 데무트(왼쪽)와 그녀의 아들 프레데릭(오른쪽)

트를 비판하는 200여 쪽짜리 논쟁 책자를 펴내 대응했다. 수년 후 포크트가 실제로 프랑스의 첩자라는 사실이 밝혀지면서 맑스가 옳았다는 점이 입증되긴 했지만, 어쨌든 그는 포크트와의 반목으로 인해 많은 돈과 시간을 허비했다.

맑스의 경제학 연구가 지연된 데는 이 일 외에 좀 더 심각한 이유가 있었다. 국제노동자연맹(The International Workingmen's Association), 즉 제1차 인터내셔널(First International)이 1864년에 런던에서 창립됐다. 맑스는 이 대회에 초대받았고, 총협의회(General Council) 위원으로 선출됐다. 맑스는 강한 개성과 지성을 바탕으로 금세 이 연맹의 지도적인 인물로 급부상했다. 그러나 그는 인터내셔널의 노동조합주의자들과는 상당한 의견차이를 갖고 있었다. 그는 이러한 의견차이로 인한 갈등을 해소하는 외교적 수완을 제대로 발휘하지 못했다. 그렇지만 장기적인 관점에서 이 연맹에 대한 지속적인 관심을 표명했다.

1867년 맑스는 마침내 《자본》 제1권을 완성했다.[11] 7개의 독일 신문에 7개의 다른 서평이 실렸다. 모두가 맑스의 영원한 동지인 엥겔스가 쓴 것이었다. 맑스는 엥겔스에게 고마운 마음을 전했다. "자네의 희생이 없었다면, 내가 이 거대한 작업을 완성하는 것은 한마디로 불가능했을 걸세."

하지만 이 책에 대한 반응은 예상 외로 더뎠다. 사실 맑스를 세간에 널리 알

---

11 맑스의 《자본》 제2권과 제3권은 각각 1885년과 1894년에 엥겔스에 의해 발간되었고, 이른바 《자본》 제4권이라고 불리는 《잉여가치론(Theorien ?ber den Mehrwert)》은 칼 카우츠키(Karl Kautsky)에 의해 발간됐다. 모든 글들을 맑스가 직접 쓰기는 했지만, 그가 직접 교정을 본 책은 《자본》 제1권뿐이다. 《자본》 제1권의 2판은 1871년에 발간됐고, 러시아어 번역본은 1872년에 나왔다.

1864년 런던에서 개최된 제1차 인터내셔널 대회

리는 계기가 된 책은 《자본》이 아니라 1871년에 출간된 《프랑스의 시민전쟁(The Civil War in France)》이다. 맑스는 이 글을 파리코뮌(Paris Commune)에 대한 인터내셔널 연설문으로 작성했다. 파리코뮌은 노동자들이 봉기해 프로이센의 수중에 있는 프랑스 정부를 격퇴한 후 2개월 동안 파리 시를 이양받아 통치했던 것을 말한다. 표면상 인터내셔널과 파리코뮌은 서로 아무런 관계가 없었지만 대중의 마음속에서 그 둘은 서로 연결돼 있었다.

인터내셔널은 코뮌이 노골적인 탄압을 받게 된 데 영향을 받아 약화되어갔다. 내부적으로도 인터내셔널은 합일점을 찾지 못하고 서로 대치하는 의견들로 인해 고전하고 있었다. 1872년 인터내셔널 회의에서 맑스는 자신이 통제력을 상실했다는 것을 알아챘다. 반대자들은 이 총협의회 위원의 권한을 제한하기 위해 갖가지 활동을 벌였다. 반대자들의 움직임을 저지할 목적으로 맑스는 총협의회 본부를 뉴욕으로 옮길 것을 제안했지만 받아들여지지 않았다. 결국 제1차 인터내셔널은 1872년에 해체되고 말았다.[12]

이 시기에 맑스는 경제적인 어려움에서는 벗어났지만 건강이 안 좋았다. 그는 더 큰 집으로(The exterior of 41 Maitland Park Road, Haverstock Hill) 이사를 했고, 아이들을 캠프에 보냈으며, 대륙을 여행하기도 했다. 제1차 인터내셔널에

---

12 2차 인터내셔널은 영국과 프랑스의 사회주의자들이 주류를 이루어 1889년 파리에서 결성되고 1914년에 해체됐다. 3차 인터내셔널, 이른바 코민테른은 1919년 소련 공산당의 주도 아래 모스크바에서 창설됐고, 2차 인터내셔널을 반동으로 규정했다.

1871년 5월 21일부터 28일까지 프로이센과 결탁한 프랑스 정부군은 무자비한 탄압 끝에 파리코뮌을 붕괴시켰다. 파리 페르라세즈 묘지 한쪽에서 수많은 코뮌파 국민병들이 처형당했다.

서의 영향력은 줄어들었지만 맑스의 이념은 널리 유포되고 있었다. 특히 그는 러시아 혁명가들로부터 큰 호응을 얻었다. 1872년에는 불어판 《자본》 제1권도 출간됐다. 맑스가 생존해 있는 동안에 영어판 《자본》은 출간되지 않았지만, 영어권에서도 그에 대한 평판이 높아져 《현대사상의 선구자들(Leaders in Modern Thought)》이라는 책에 그의 이름이 포함되기도 했다.

맑스가 쓴 마지막 중요한 글은 1875년 독일의 고타에서 열린 독일 사회민주당 대회에서 채택된 강령을 비판한 《고타강령 비판(Critique of the Gotha Program)》이다. 독일 사회민주당 대회의 주된 목적은 서로 경쟁적인 여러 독일 사회주의 정당들을 통일시키는 것이었다. 그리고 이를 도모하기 위해 소책자인 〈고타강령〉이 작성된 것이었다. 그러나 맑스와 엥겔스는 이 책자가 작성되는 과정에서 아무런 자문 요청도 받지 못했다. 때문에 맑스는 〈고타강령〉이 발표되자 격노했다. 나중에 맑스와 엥겔스는 독일 사회주의 운동의 방향과 관련하여 베벨, 리프크네히트, 빌헬름 브라케 등에게 보낸 편지(1879년 9월 17일과 18일에 작성)에서 독일 사회민주당 내의 지배적인 분위기(개량주의 노선)에 반대하여 사회주의 국가 건설을 위한 필수조건으로 계급투쟁을 강조했다.

"우리가 경험했던 과거를 돌이켜보면 우리에겐 오직 하나의 길만이 열려 있다는 것을 알 수 있습니다. 거의 40년 동안 우리는 계급투쟁을 역사의 가장 직접적인 원동력으로 여겨왔습니다. 부르주아와 프롤레타리아 사이의 계급

1872년 인터내셔널 회의에 참석한 엥겔스와 맑스

투쟁을 사회를 변혁시킬 중요한 지렛대로 강조해왔습니다. 그러므로 우리는 운동에서 이 계급투쟁을 빼먹으려는 사람들과 함께 행동할 수 없습니다. 우리는 인터내셔널이 창립될 때 다음과 같은 전투구호를 분명하게 확립했습니다. '노동자 계급의 해방은 노동자 계급 스스로가 달성해야 할 과업이다.' 따라서 '노동자들은 자신들을 해방시키기에는 너무나도 교양이 없기 때문에 먼저 박애주의적인 부르주아 계급이 나서서 위로부터 아래로 해방을 이루어야 한다' 고 공공연하게 주장하는 사람들과는 함께 할 수 없다는 점을 우리는 분명히 합니다. 만약 새로운 당 기관지가 프롤레타리아적이지 않고 부르주아적인 양반들의 생각에 호응하는 입장을 취한다면, 유감스럽게도 우리가 갈 수 있는 길은 그것에 분명하게 반대하는 길뿐입니다. 그러니까 이 말은 지금까지 대외적으로 독일 내 사회주의 정당들을 대표하여 활동해 온 이 연대를 해체할 수밖에 없다는 것입니다. 우리는 상황이 그렇게까지 되지 않기를 바랍니다."

고타강령이 담고 있는 내용은 '과학적 사회주의' 가 지향하는 내용과는 많이 달랐다. 아니, 그저 다른 정도가 아니라 기본노선(계급투쟁) 자체를 거부하는 것이었다. 고타강령은 라살레가 말한 '노동에 대한 완전한 대가'[13]라는 관점에서 노동자의 생활 개선을 추구하는 내용을 기본으로 하고 있었다. 맑스가 보기에 이 강령은 자본주의 체제 내에서 제도적 개선을 하자는 내용을 담고 있는 강령에 불

1875~1883년에 맑스가 살았던 집

과했다. 즉, 맑스가 주장했던 혁명적 사회주의 건설을 포기하고 개량주의적 사회주의로 선회하자는 내용이었던 것이다.

맑스에게는 이 강령이 사회주의 국가 건설 자체를 포기하자는 것과 다름없었다. 당시 독일 사회민주당의 주장은 노동자의 생활 개선을 위한 제도적 접근이라는 관점에서 '혁명'이 아닌 '개혁'을 통해 '평화로운' 사회주의로의 길을 채택하자는 것이었다. 하지만 그것은 나중에 분명히 드러나는 바와 같이 사회주의 국가 건설을 포기하는 행위였다.

바로 이러한 맥락에서 맑스는 고타강령에 대한 일련의 비판적 논평을 작성했고, 그것을 독일 사회주의 지도자들에게 유포시키려 했다. 그러나 이 시도는 성공하지 못했다. 결국 독일 사회민주당은 맑스의 '혁명적' 사회주의 노선과는 다른 '개혁지향적' 사회주의 노선을 추구했다. 맑스가 사망한 후에 비로소 발간된 《고타강령 비판》은 미래의 공산주의 사회조직에 대한 진술들을 담은 글이었다.

맑스는 생애의 후반기에 비로소 명성을 드높였다. 하지만 그는 개인적인 불행도 겪어야 했다.

....

13 맑스의 관점에서 볼 때 자본주의적 생산과 분배는 분리될 수 없는 상관관계를 형성하고 있다. 다시 말해 자본주의 사회에서 분배는 자본주의적 생산에 의해 규정된다는 것이다. 라살레의 '노동에 대한 완전한 대가'라는 용어는 생산과 분배를 분리된 것으로 간주하여 설명하는 방식이다. 그리하여 맑스는 《고타강령 비판》에서 "속류 사회주의는 부르주아 경제학자를 본받아(그리고 그것을 일부 민주주의자들이 다시 본받아) 분배를 생산방식과는 독립된 것으로 간주해 취급하고 있으며, 사회주의가 주로 분배를 중심문제로 삼고 있는 것처럼 기술하고 있다"고 비판했다.

맑스의 딸 예니와 라우라는 결혼해서 아이들을 낳았다. 그러나 이 무슨 운명의 장난이란 말인가! 라우라의 세 아이들 중 어느 누구도 세 살을 넘기지 못하고 부모 곁을 떠났다. 예니의 사정도 다르지 않았다. 그녀의 첫 번째 아이는 유년기에 죽었다. 그녀는 다섯 명의 자녀를 낳았지만 그들 중 단 한 명만이 장년기까지 살아남았다.

1881년, 맑스가 너무도 사랑했던 아내 예니가 오랜 투병생활 끝에 숨을 거뒀다. 맑스는 이제 정신적으로나 육체적으로나 아픔과 고독에 지쳐 있었다. 하지만 그의 고통은 여기서 그치지 않았다. 1882년부터 장녀 예니가 심하게 앓기 시작하더니 결국 1883년 1월에 고독하고 병든 아버지를 남겨둔 채 세상을 떠나고 말았다. 더 이상 아픔을 견뎌낼 힘을 잃은 맑스는 1883년 3월 14일 생을 마감한다.

엥겔스는 추모자도 별로 없는 쓸쓸한 장례식장에서 이렇게 그를 추도했다.

"다윈이 자연 발달에 관한 법칙을 발견한 것과 마찬가지로 맑스는 인간 발달의 법칙을 발견했습니다. (……) 뿐만 아니라 맑스는 현재의 자본주의 생산양식을 지배하는 법칙과 자본주의가 만들어낸 부르주아 사회를 움직이는 운동법칙[14]도 발견했습니다. (……)
맑스는 무엇보다도 혁명가였습니다. 그의 필생의 임무는 이런저런 방식으로 자본주의 사회와 자본주의 사회를 존재하게 했던 국가제도들을 무너뜨려서 프롤레타리아를 해방시키는 일에 기여하는 것이었습니다. (……) 그는

맑스와 그의 세 딸 예니, 엘레아노르, 라우라와 엥겔스

....

14 이는 곧 잉여가치의 생산법칙을 의미한다.

열정과 끈기를 가지고 투쟁했습니다. (······) 맑스는 당대에 가장 미움과 중상모략을 많이 받은 인물이었습니다. 절대주의든 공화주의든 모든 정부들이 자기의 영토에서 맑스를 추방했습니다. 보수적이든 급진적 민주주의든 부르주아들은 모두 경쟁하듯 앞 다투어 그를 중상모략했습니다. 그러나 그는 이 모든 것을 마치 거미집을 쓸어내듯 무시했습니다. 극단적인 강제가 있을 경우에만 그는 대꾸했습니다.

그는 시베리아의 광산에서 캘리포니아에 이르기까지 유럽과 아메리카에서 수백만의 혁명적 동지들이 사랑과 존경을 보내는 가운데, 그리고 눈물을 흘리며 애도하는 가운데 눈을 감았습니다. 나는 감히 말합니다. 그에게 그렇게 많은 적들이 있었지만, 그들 중 단 한 명도 그에게 개인적인 적의를 품지는 않았다고 말입니다. 그의 이름은 그의 업적과 함께 영원히 남을 것입니다."[15]

---

[15] 이 추도사는 1883년 3월 18일경에 작성됐다.

2장

맑스의 사상

헤겔 철학과 만나다

먼저 맑스 사상의 형성 및 그 영향과 관련하여 그가 살았던 시대의 배경을 간단히 살펴보기로 하자. 맑스가 품은 정치적 이상의 가장 중요한 문화적 원천은 18세기 후반 독일의 잘 교육받은 중류계층의 문화양식이었다. 이 문화양식은 삶과 가치에 대한 새로운 개념을 반영하고 있었다.

이를테면 존경심은 세습된 사회적 지위나 종교적 혹은 사회적으로 규정된 의무를 이행하는 것에서 비롯되는 것이 아니라 개인 스스로가 만든 정체성에서 나오기 시작했다. 새로운 이상은 철학, 문학, 연극, 음악, 그림 등에서 표현되는 다양한 모습의 개인성의 발현을 반영하는 것이었다. 그리하여 다양한 영역에서 미학적인 능력을 계발하는 것이 교육받은 인간의 표식이 되었다.

맑스 역시 이러한 시대적 분위기에 상당히 많은 영향을 받았다. 그래서 아들이 법학을 공부해 변호사가 되길 원했던 아버지의 바람을 만족시켜드리지 못한 것이다. 그에게 법학은 그리 흥미로운 학문이 아니었다. 물론 아버지의 기대를 저버리고 다른 길을 가기까지 맑스 역시 많은 갈등을 했으리라. 하지만 결단은 재빨리 이루어졌다.

베를린으로 학교를 옮기고 난 후 1년이 지났을 때 맑스는 아버지에게 자신이 "현재의 철학에 좀 더 긴밀하게" 애착을 가지게 되었다는 내용의 편지를 썼다. 맑스가 여기서 말한 '현재의 철학'은 다름 아닌 헤겔 철학을 의미한다. 헤겔은 1818년부터 1831년까지 베를린대학에서 학생들을 가르쳤다. 시기적으로 볼 때 맑스가 헤겔에게서 직접 철학 강의를 들을 기회는 전혀 없었다. 그러나 당시 헤겔 철학의 위세가 대단했던 만큼 헤겔 철학이 맑스에게 미친 영향도 매우 컸다.

엥겔스는 헤겔 철학의 영향력에 대해 이렇게 진술하고 있다.

"헤겔의 체계는 다른 어떤 체계와도 비교할 수 없을 정도의 거대한 영역을 차지하고 있었다. (……) 사람들은 이 헤겔의 체계가 철학으로 착색된 독일의 분위기 속에서 얼마나 엄청난 영향력을 끼쳤을지 상상할 수 있다. 헤겔의 맹위는 수십 년간 지속됐고, 헤겔이 죽어서도 결코 멈추지 않았다."

헤겔주의(Hegelianism)가 가장 크게 위세를 떨쳤던 시기는 1830년에서 1840년까지다. 이 시기에 맑스는 베를린대학에서 공부를 하고 있었고, 바로 이때 헤

헤겔

겔은 독일 내의 그 어떤 철학자보다도 높은 학문적 위상, 가히 독점적이라고 할 만한 학문적 위상을 점하고 있었다.

맑스 역시 헤겔 철학에 깊은 애착을 가졌다. 맑스는 1844년에 《경제―철학 수고(Economic and Philosophical Manuscripts)》에서 헤겔에 관해 쓰면서, 헤겔의 《정신현상학(The Phenomenology of Mind)》[16]을 자기 철학의 "진정한 발생지이자 비밀"이라고 했다. 따라서 맑스를 이해함에 있어 헤겔을 인용하는 것은 거의 필수적이라고 할 수 있다.

그렇다면 헤겔의 《정신현상학》에 관해 간단히 탐색해 보기로 하자.

《정신현상학》은 정신이 그 첫 번째 단계인 개인적인 정신에서 '자유롭고 완전하게 자의식적'인 통일을 의미하는 절대정신으로 발전해나가는 과정을 추적하고 있다. 정신의 첫 번째 발전 단계인 개인적 정신은 의식은 있으나 자의식과 자유가 없는 상태를 의미한다. 물론 그 발전과정은 순전히 역사적이지도, 순전히 논리적이지도 않다. 어떤 이들은 헤겔이 '역사는 논리적으로 필연적인 길을 따라 움직이는 정신의 과정'임을 보여주고자 노력했다고 주장한다. 또한 이 '필연적인 길'은 최종의 목적지에 도달하기 위해 여행해야 하는 길이라고 그들은 말한

---

16 게오르크 빌헬름 프리드리히 헤겔(Georg Wilhelm Friedrich Hegel, 1770~1831)은 현대 관념론의 창시자다. 헤겔의 《정신현상학》(1807)은 자아실현을 향한 절대정신의 발전이라는 관점에서 인간사의 전 과정을 설명하고 있다. 그에 따르면 역사는 본질적으로 최종점을 향해 나아가는 인간정신의 행진이다. 헤겔이 쓴 주요한 정치적 작품으로는 《법철학(Philosophy of Right)》(1821)이 있다.

다. 그렇다면 사람들은 왜 이 '필연적인 길'을 가야 하는가? 헤겔은 이렇게 답할 것이다. "자유를 위해."

하지만 이 길을 가는 과정은 그렇게 간단하지 않다. 다시 말해, 정신의 발전은 변증법적이다. 이때 '변증법'이란 단어는 맑스와 연관된다. 맑스의 철학은 '변증법적 유물론'으로 언급된다. 이는 맑스 이론의 변증법적 요소가 헤겔로부터 물려받은 것이라는 점을 분명히 해준다.

《정신현상학》에서 가장 유명한 논의는 주인과 노예의 관계에 관한 것으로, 이것이 헤겔의 변증법을 가장 잘 설명해준다. 주인과 노예의 관계는 맑스의 이론 구조에서 자본가와 노동자의 관계로 전환된다.

예를 들어 자신의 독립성을 의식하고는 있지만 하나의 보편적 정신으로서의 공통의 본질에 대해서는 의식하지 못하는 두 명의 독립적인 인간이 있다고 하자. 그들은 각각 타인을 경쟁자로 본다. 헤겔에 따르면 이 상황은 불안정하다. 한 사람이 다른 사람을 정복하고 노예화하려는 싸움이 끊임없이 발생하기 때문이다.

주인과 노예의 관계도 안정적인 것은 아니다. 얼핏 보기에 주인은 모든 것이고, 노예는 아무것도 아닌 존재인 것처럼 보인다. 그러나 생각해보라. 노동을 하고, 노동을 통해 자연계를 변화시키는 것은 노예다. 노예는 자연을 상대로 자신의 본질과 의식을 주장함으로써 만족감을 느끼고 자의식을 발전시킨다. 반면에 주인은 어떠한가? 주인은 노예의 노동에 의존하게 된다. 주인은 노예의 존재 속에서, 노예는 주인의 존재 속에서 자신을 인식한다. 즉 이들은 하나의 보편적인 통일성 속에서 각자 자신의 존재를 인식한다. 따라서 최종적인 결과는 노예의 해방과 두 명의 독립적인 존재 사이에 벌어졌던 갈등의 극복이 될 것이다. 단, 그 시간이 언제 도래할지는 누구도 단언할 수 없다.

《정신현상학》은 반대의 모순을 극복하는 과정을 통해 정신의 발전을 추적한다. 정신은 본래 보편적인 성격을 지니고 있다. 그러나 특정한 사람들의 정신은 이 보편성을 제한하는 형태로 나타난다. 그들은 정신이 지니는 보편적 성격을 깨닫지 못한다. 단지 개별적인 개인들의 정신만이 존재할 뿐이다. 헤겔은 이를 정신이 그 자체로부터 '소외되어' 있는 상황이라고 기술한다. 즉 정신의 표현인 사람들은 역시 정신의 표현인 타인들을 낯설고 적대적이고 그들 자신에게 외적인 어떤 것으로 여긴다. 사실은 그들 모두가 똑같이 위대한 전체의 부분들인데도 말이다!

정신은 소외된 단계에서는 자유로울 수 없다. 그러한 상황에서 정신은 그 자신의 완전한 발전을 방해하는 장애물들에 부닥치기 때문이다. 헤겔에 따르면, 정신은 참으로 무한하고 모든 것을 포함하며, 따라서 장애물들은 단지 외양에 불과할 따름이다. 인간이 이 외양만을 인식할 때 정신은 소외된 상태에 있게 되고 인간의 자유는 제한된다. 정신의 발전은 있는 그대로의 사물을 이해함으로써 이루어지는 것이 아니라 사물의 참모습을 이해함으로써 이루어진다. 인간의 정신이 완전한 발전을 이루지 못할 경우 인간은 소외된 상태로 존재하게 된다. 헤겔 철학에서 정신의 변증법적 전개 혹은 지양의 진보는 자유를 향한 진보다. 그래서 헤겔은 "세계사는 곧 자유를 향한 의식의 진보"라고 말한다.

간단히 말할 수 있는 성질의 것은 결코 아니지만 《정신현상학》은 개별적 개체로서의 개인의 정신에서부터 우주의 주인으로서의 절대정신에 이르기까지 정신의 역사를 추적하고 있다. 정신은 궁극적으로 '절대정신'에서 완성되며, 이 지점에서 인간은 자기의식과 자유를 이룩하고 역사는 그 종착역에 도착한다.

지금까지 살펴본 것처럼 헤겔의 《정신현상학》이 지향한 궁극적 목적은 인간자유 혹은 인간해방에 있다. 그리고 이는 곧 맑스가 말한 자신의 철학의 "진정한 발생지이자 비밀"이기도 하다.

필자는 이 책에서 헤겔의 철학체계를 놓고 벌어지는 다양한 논쟁에 관해서는 언급하지 않겠다. 그것은 매우 복잡하고 난해한 문제일 뿐만 아니라 이 책이 추구하는 목적이 아니기 때문이다. 이 책의 목적은 맑스의 사상에 대한 일반적 이해에 있다. 우리는 맑스의 사상을 이해하기 위해 헤겔 철학에 관해 간략히 살펴보는 것이다.

헤겔은 베를린대학의 철학교수로 프로이센 정부로부터 월급을 받고 있었다. 그래서 급진적인 젊은 헤겔주의자들은 헤겔이 자신의 철학을 저버렸다고 주장했다.

그 이유는 다음과 같다. 헤겔은 인간사회는 정신의 표현이기 때문에 "모든 것은 그것이 존재하는 대로 옳고 합리적"이라고 주장했다. 그렇다면 프로이센 국가는 옳고 합리적인 국가인가? 프로이센 국가는 보편적 정신 혹은 절대정신의 화신이란 말인가? 맑스를 비롯한 젊은 헤겔주의자들의 눈에는 결코 그렇게 보이지 않았다. 그들이 보기에 프로이센은 헤겔이 꿈꾸던 이상적인 국가와는 전혀 다른 국가였다. 맑스는 "어떤 철학자가 진정으로 타협했다면, 그 철학자의 사상에 들어 있는 피상적인 표현들을 설명하기 위해 그의 사상의 핵심을 사용하는 것이 그를 신봉하는 사람들이 풀어야 할 과제"라며 헤겔 철학에 대한 새로운 해석이 필요함을 주장했다.

맑스는 베를린대학 학생 시절부터 브루노 바우어(Bruno Bauer)와 가깝게 지냈다. 신학을 강의한 브루노 바우어는 선도적인 젊은 헤겔주의자였다. 브루노의 영향 아래 맑스는 종교를 인간의 자기의식이 발전하는 도중에 서 있는 주된 환상으로 간주했다. 이 환상에 대항하는 주된 무기는 바로 철학이었다. 그래서 맑스는 "철학은 그것(종교의 환상성)을 비밀로 하지 않는다. 프로메테우스[17]의 포고(나는 모든 신들을 싫어한다)는 인간의 자의식이 가장 높은 신성(divinity)임을 깨닫지 못하는 하늘과 지상의 모든 신들에 대항하는 프로메테우스 자신의 외침이다"라고 했던 것이다.

바우어와 맑스는 좀 더 급진적인 결론을 이끌어내기 위해 종교에 대한 헤겔

---

17 불을 훔쳐 인간에게 주었던 까닭에 제우스의 분노를 샀고, 그 벌로 카프카스의 바위에 묶여 낮이면 독수리에게 간을 쪼아 먹히고 밤이면 간이 다시 재생되는 고통을 당했다.

의 비판을 사용했다. 《정신현상학》에서 헤겔은 소외의 한 형태로서 특정한 발전 단계에 있는 기독교에 대해 언급했다. 신은 하늘에서 군림하는 반면에 인간은 조악하고 상대적으로 가치 없는 '눈물의 골짜기'[18]에서 거주한다. 인간의 본성은 영원불멸이며 천국적인 '본질적인 성격' 과, 죽음을 피할 수 없고 현세적인 '비본질적 성격' 으로 나누어져 있다. 그리하여 개인들은 자신의 본질적인 성격을 다른 영역에서 안식처를 가지는 것으로 이해하고 있다는 것이다. 이제 개인들은 도덕적 존재로서의 자신으로부터, 그리고 자신이 실제로 살아가는 세계로부터 소외된다. 헤겔은 이런 상황을 정신의 자기소외 과정 중 하나의 지나가는 단계로 취급했을 뿐 이로부터 실질적인 결론을 이끌어내지는 않았다.

바우어는 정신의 자기소외를 인간의 자기소외를 의미하는 것으로 좀 더 폭넓게 재해석했다. 그의 논의에 따르면, 신을 창조한 것은 다름 아닌 인간이다. 하지만 이제 그 신은 하나의 독립적인 존재가 되었고, 이 존재로 인해 인간이 자신을 '가장 높은 거룩한 존재' 로 여기지 못하게 된 것이다.

바우어가 내린 결론은 하나의 실천적 과제를 던져주고 있다. 이 실천적 과제란 무엇인가? 그것은 종교를 비판하는 것, 신은 인간의 창조물이라는 점을 인간에게 보여주는 것이다. 이 비판은 신에 대한 인간의 종속과 인간 자신의 진정한 본질로부터 소외된 인간상을 종식시키는 것으로 결말을 보게 된다.

---

18 '눈물의 골짜기' 는 현세를 의미한다.

맑스를 비롯한 젊은 헤겔주의자들은 헤겔 철학이 정신으로 구성되는 신비로운 세계에서 벗어나서 현실세계에서 재구성될 때 비로소 의미를 갖게 된다고 생각했다. 이제 헤겔의 '정신'은 곧 '인간의 자의식'으로 독해되었다. 그리하여 맑스에게 역사에 대한 문제의식이 정립되고 목표가 설정된다. 역사의 목표는 '인간의 해방'에 있고, 이 해방은 종교적 환상이 극복될 때 비로소 실현될 수 있다.

이러한 맥락에서 1845년 초에 작성한 《포이어바흐에 관한 테제(Thesen über Feuerbach)》[19]의 11번째 테제에서 맑스는 "철학자는 단지 세계를 다양하게 해석했다. 이제 세계를 변화시키는 것이 관건이다"라고 천명했다. 맑스는 하늘나라의 철학을 지상의 철학으로 옮겨온 것이다. 이 말의 의미는 무엇인가? 이 말의 의미는 바로 맑스 사상의 출발점이 '인간이 구체적인 생활 속에서 체험하는 일상'이라는 점이다.

---

19 맑스는 이 글을 1845년 봄에 브뤼셀에서 작성했다. 하지만 이 글이 처음으로 출간된 것은 1888년에 엥겔스에 의해서였다.

정신과 물질_화폐[20]가 세상을 지배한다

포이어바흐와 만나다

루드비히 포이어바흐(Ludwig Feuerbach, 1804~1872)[21]는 관념주의에서 유물주의로의 전환을 이룩한 철학자다. 그는 헤겔의 철학을 종교에 대항하는 하나의 무기로 전환시킨 급진적 헤겔주의자로, 맑스에게 큰 영향을 미친 인물이다.[22] 1841년에 발간된 《기독교의 본질》에서 그는 누구보다도 철저하게 종교가 지니는 본

---

20 볼테르는 화폐가 인간으로 하여금 신과 투쟁하지 않도록 하기 때문에 사회적으로 유용한 것으로 간주한 반면, 맑스는 화폐를 인간의 실존과 노동의 실체가 외화된 것으로 규정했다.

21 그는 헤겔의 이념들이 어떻게 유물주의적 철학으로 변형될 수 있는지를 보여주었고, 이를 통해 인간소외에 대한 급진적 비판의 토대를 제공했다.

22 포이어바흐가 쓴 글로는 《기독교의 본질(Das Wesen des Christentums)》(1841), 《철학 개혁을 위한 잠정적인 테제들(Vorläufige Thesen zur Reform der Philosophie)》(1842), 《미래 철학의 원칙들(Grundsätze der Philosophie der Zukunft)》(1843), 《종교의 본질(Das Wesen der Religion)》(1845) 등이 있다. 이 글들은 모두 지적인 혁명이었다.

질을 비판했다. 엥겔스는 《기독교의 본질》이 미친 영향을 이렇게 표현하고 있다.[23]

"사람들은 이 책을 통해 일종의 해방감을 경험했음에 틀림없다. (……) 열광은 일반적인 현상이었다. 우리 모두는 즉시 포이어바흐주의자가 되었다."[24]

《기독교의 본질》에서 포이어바흐는 종교를 소외의 한 형태로 정의했다. 그의 논지를 살펴보면 이렇다. 신은 소외된 현실에서 구체화되고 고안된 인간이라는 종(species)의 본질로 이해돼야 한다. 지혜, 사랑, 자선 등은 인간이 지니고 있는 진정한 속성이다. 그러나 인간은 이것들을 신의 속성으로 돌린다. 하지만 인간이 이러한 방식으로 신의 개념을 풍부하게 하면 할수록 인간 자신은 피폐해지게 된다.

그렇다면 인간소외의 해결책은 어디에 있는가? 그 해결책은 신학이 잘못 기술된 인류학이라는 점을 깨닫는 데 있다. 인간이 신에 대해 믿고 있는 것은 사실 인간 자신에 해당하는 것이다. 요컨대 신의 속성은 인간이 원래 지니고 있는 바로 그 속성이다. 이를 깨달음으로써 인간은 종교로 인해 상실했던 자신의 본질을 회복할 수 있다.

....

23 1841년 당시에 맑스와 엥겔스는 서로 알고 지내는 사이가 아니었다.
24 《기독교의 본질》이 맑스에게 얼마만큼의 영향을 주었는지는 알 수 없다. 하지만 엥겔스가 평가했던 정도의 영향은 맑스에게 미치지 못했을 것이다. 왜냐하면 맑스는 스승 바우어를 통해 이러한 관점을 이미 경험했기 때문이다.

맑스는 《기독교의 본질》에 공감하고 그 영향을 받긴 했지만, 이미 바우어를 통해 이런 생각을 체득했기 때문에 아주 신선한 충격을 받지는 않았을 것이다.[25] 그러나 포이어바흐의 《철학개혁을 위한 잠정적 테제》는 맑스에게 커다란 충격을 주었고, 맑스의 사상을 중요한 단계로 발전시키는 결정적인 계기가 됐다. 포이어바흐의 후기 저작들은 종교에 대한 비판을 넘어 헤겔 철학 자체의 비판으로 나아갔다.

앞서 간단히 언급한 바와 같이 헤겔은 역사의 추동력을 정신으로, 인간을 정신의 표현으로 간주했다. 포이어바흐가 보기에 이 점은 인간성의 본질을 인간 외부에 두고 있는 것과 같으며, 인간성 자체를 소외시키는 데 기여하는 것으로 여겨졌다.

헤겔과 독일의 관념주의 철학자들은 정신, 마음, 절대자, 무한자 등과 같은 개념을 그들 철학의 출발점으로 삼았다. 그들은 이 개념들을 궁극적으로 '현실적' 인 것으로 취급했다. 반면 그들은 인간, 동물, 탁자, 물질세계 등은 정신세계의 제한적이고 불완전한 표현인 것으로 간주했다. 이에 대해 포이어바흐는 철학은 제한적인 물질세계에서 출발해야 한다고 주장하면서, 헤겔과 독일의 관념주의 철학에 반기를 들었다.

요컨대 그에 따르면, 사상이 존재보다 우선하는 것이 아니라 존재가 사상보

---

25 맑스는 1841년 7월경에 《기독교의 본질》을 공부했다고 한다.

포이어바흐

다 우선한다. 포이어바흐의 이 명제는 맑스의 사상 속에 그대로 용해되어 들어간다. 맑스는 나중에 《독일 이데올로기》(1846)에서 "인간의 의식이 존재를 규정하는 것이 아니라 인간의 존재가 의식을 규정한다"는 명제를 바탕으로 역사에 대한 유물주의적 해석을 전개한다.

포이어바흐는 신이나 사상이 아닌 인간을 자신의 철학의 중심에 가져다 놓았다. 이제 인간 중심의 철학이 전개되기 시작한 것이다. 포이어바흐가 볼 때 "자유를 달성하기 위해 소외를 극복한다"는, 정신의 진보에 대한 헤겔의 설명은 종교와 철학 자체의 소외를 극복하려는 인간진보를 신비화하는 표현이었다.

자유와 평등은 하나다

포이어바흐가 헤겔 철학을 지상으로 끌어내리는 데 관심을 가졌던 것처럼, 맑스 또한 인간의 기존 조건들을 공격하기 위해 헤겔의 방법을 사용하면서 하늘나라의 철학인 헤겔 철학을 지상의 철학으로 전환시키는 데 몰두했다.

덧붙여 설명하면, 맑스는 철학 자체에 관심을 가졌던 게 아니라 철학을 현실비판의 무기 내지는 도구로 이용하는 데 관심을 가졌다. 그래서 그는 박사학위를 취득하고 나서 〈라인신문〉의 편집인으로 짧은 기간 동안 일하면서 헤겔 철학의 고상한 분위기를 좀 더 실제적인 문제들(검열, 이혼, 산림채벌금지법, 그리고 모젤 포도재배자의 경제적 고통 등)로 끌어내렸고, 프로이센 국가에 대한 비판적인 글들을 써서 이 신문에 실었다.

맑스의 관심 및 철학적 출발점은 인간의 현실적 삶 그 자체였다. 〈라인신문〉에서 편집인으로서 활동하다가 해고된 시기(1843년)에 맑스가 품었던 국가상은 인간의 자유와 존엄성이 보장되는 민주주의 국가였다.[26] 이 점은 나중에 맑스가 〈독불연보〉에서 함께 일했던 아놀트 루게(Anold Ruge)에게 보낸 편지에서 잘 드러난다.

"자유, 인간존엄에 대한 감정은 다시 일깨워져야 할 것입니다. 오로지 이 감정만이 (……) 인간의 가장 높은 목적을 이룩하기 위해 사회를 인간공동체로 전환시킬 수 있습니다. 이 인간공동체는 곧 민주주의 국가입니다."

이 짧은 문구 속에서 우리는 맑스가 '자유'를 인간의 최고선 혹은 최고의 가치로 여겼다는 것을 알 수 있다. 일반적으로 자유주의는 최고의 가치를 '개인의 자유'에, 사회주의는 최고의 가치를 '인간의 평등'에 두고 있다고 말한다. 하지만 여기서 분명하게 지적해야 할 점은 자유와 평등을 연관성을 가지고 있지 않은 두 개의 전혀 다른 개념으로 이해해서는 안 된다는 것이다.

고전적 자유주의(classical liberalism), 자유지상주의(libertarianism), 신우파(New Right)가 주장하는 논리구조와는 달리, 맑스의 사상 전반에 걸쳐 관통하는

---

26 하지만 맑스가 주장했던 민주주의가 자유주의자들의 논의 속에서 등장하는 민주주의는 결코 아니라는 점을 명심하기 바란다.

정치철학적 관점에서 판단해보면 사회적 평등은 개인의 자유를 실현하기 위한 주요 수단이다. 사회적 평등이 전제되지 않은 상황에서 개인의 자유는 형식적으로 흐를 뿐만 아니라 아무런 의미도 지니지 못한다. 사회적 평등이 전제된 상태에서만 개인의 자유가 의미를 갖게 되고, 나아가 그러한 자유를 토대로 정의사회가 현실 속에서 그 실현가능성을 높여가게 된다.

그렇다면 사회적 평등은 어떠한 과정을 통해 이루어지는가? 사회적 평등은 경제적 평등을 통해 정치적 평등이 그 실질적인 가치를 지니게 되어야 비로소 이루어진다.

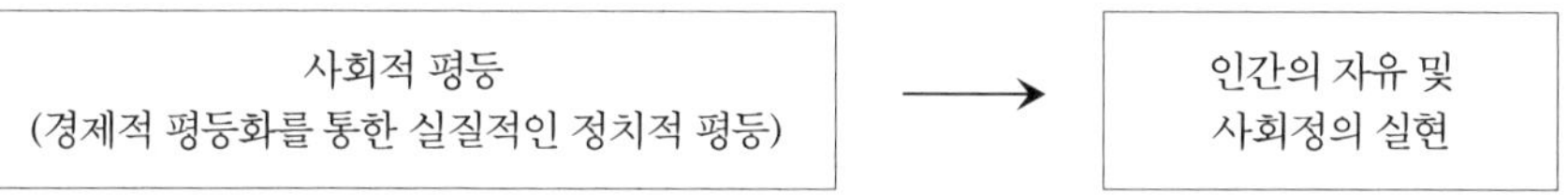

물론 맑스는 사회적 평등을 구체적으로 실현하기 위한 큰 틀로 생산수단의 '공유화' 내지는 '국유화'를 주장하고 있다. 맑스는 〈토지의 국유화에 관해〉라는 글에서 토지 국유화 문제가 사회주의 국가 건설에 있어 중요한 문제임을 표명하고 있다.

"모든 부의 근원인 토지 문제의 해결은 노동자 계급의 미래가 걸린 중차대한 과제다. (……) 미래에는 토지가 국민 공동의 소유가 될 수밖에 없다. (……) 연합한 농촌 노동자들의 수중으로 토지를 넘기는 것은 생산자들 중에서 한 배타적인 계급에게 사회를 인도하는 결과를 초래할 것이다. 토지 국유화는 노동과 자본 사이의 관계에 완전한 변화를 초래할 것이며, 결국 공업이나 농업에서 자본주의적 생산형태를 없앨 것이다. 계급차이와 특권은 그 모태가 된 경제적 토대와 함께 사라질 것이며, 사회는 자유로운 '생산자들'의 연합으로 바뀔 것이다. 다른 사람의 노동으로 생활하는 삶은 흘러간 과거의 일이 될 것이다! 그렇게 되면 사회 자체와 구별되는 정부나 국가권력은 더 이상 존재하지 않을 것이다! (……) 생산수단을 국가로 집중시킴으로써 공동의 합리적인 계획에 따라 사회적 업무를 실행하는 자유롭고 평등한 생산자들의 연합으로 구성된 사회가 탄생하는 발판이 마련될 것이다. 이는 곧 19세기의 거대한 경제적 운동이 지향하는 목표다."

이 문제에 대해서는 여기에서 더 이상 구체적이고 상세한 논의를 진행하지 않기로 한다. 왜냐하면 그것은 간단히 취급할 문제가 아니기 때문이다. 여기서는 맑스의 정치사상에 있어 자유와 평등은 별개의 성질을 지니는 개별적인 문제가 아니라는 점만을 지적해 두기로 하자.

맑스의 사상에서 개인의 자유와 이를 실현하는 구체적인 방법이 매우 중요하다는 것은 1848년 2월에 발간된 《공산당선언》[27]에서도 잘 드러나고 있다. 이 책

---

[27] 《공산당선언》은 맑스와 엥겔스의 공동저작이다. 하지만 맑스가 주로 집필한 것으로 보인다.

Manifest
der
Kommunistischen Partei.
Veröffentlicht im Februar 1848.
Proletarier aller Länder vereinigt euch.
London.
Gedruckt in der Office der „Bildungs-Gesellschaft für Arbeiter"
von J. E. Burghard.
46. Liverpool Street, Bishopsgate.

《공산당선언》 초판

에서 맑스는 분명한 어조로 이렇게 적고 있다.

> "계급과 계급적대를 가진 낡은 부르주아 사회의 자리에 각 개인의 자유로운 발전이 모든 사람의 자유로운 발전을 위한 조건이 되는 하나의 결사체(Assoziation)가 들어선다." [28]

이처럼 맑스의 주 관심사는 개인의 자유, 창의성, 자율성이 제대로 발휘되는 공동체를 만드는 데 있었다. 동시에 그는 이러한 공동체를 만들기 위해 인간의 현실적인 삶에 정초하여 자신의 이념을 실천해 나갔다. 이를 위해 그는 하늘나라의 철학을 지상의 철학으로 끌고 내려왔다. 그리고 그 지상의 철학에서 가장 중심이 되는 것은 인간의 현실적인 삶이었다.

------

[28] 이 구절을 놓고 맑스를 '자유주의자'로 규정하는 것은 아주 소박한 생각일 것이다. 맑스가 궁극적인 최고의 가치를 '자유'에 두었다고 할지라도 자유를 실현하는 방법에 있어서는 자유주의자와 생각이 전혀 달랐다. 예 컨대 애덤 스미스는 자본주의 사회를 자연적인 관계, 즉 시장관계 속에서 진행되는 조화로운 경제질서라고 규정하지 않았던가! 그리고 그런 질서 속에서 개인들은 자신의 이익을 추구한다. 애덤 스미스의 입장에서 볼 때 개인들의 자기이익 추구는 결국 다른 사람들의 행복 추구에도 도움이 된다. 가령 빵제조업자가 자신이 먹기 위해 빵을 만드는가? 아니다. 그는 다른 사람들에게 사용가치를 제공하고, 자신은 그에 대한 교환가치를 획득한다. 양자의 입장에서 볼 때 각각 자신의 이익 및 행복을 추구하는 것이다. 그러나 맑스는 그렇게 생각하지 않았다. 이 점에 관해서는 나중에 자세히 설명할 것이다.

《유대인 문제에 대해》[29]

맑스에게 있어 이 세상을 지배하는 것은 정신이나 신이 아니라 인간의 현실적인 삶이었다. 《포이어바흐에 관한 테제》가 나오기까지 맑스는 헤겔을 정신이 아니라 인간에 대한 하나의 철학자로서 재해석하고자 했던 포이어바흐의 입장을 수용했다. 그리고 이런 수용은 그 뒤에도 계속됐다.

하지만 이 시기에도(1843년 초반에서 중반 정도까지) 맑스의 인간에 대한 견해 혹은 연구는 인간의 정신적 측면, 사상, 그리고 의식에 초점을 두고 있었다고 할 수 있다. 다시 말해 그는 사회에 대한 구체적인 경제적 현실분석을 마음에는 두고 있었지만 본격적으로 행하지는 않았다.

포이어바흐에 대한 맑스의 입장을 11개의 명제들로 구성된 《포이어바흐에 관한 테제》를 인용하고 정리해 보기로 하자. 이 글은 '실천'에 기반을 둔 맑스의 기본적인 사유구조, 즉 역사에 대한 유물주의적 해석을 잘 표현해 주고 있다.

포이어바흐에 관한 테제

명제 1: 지금까지의 모든 유물주의(포이어바흐의 유물주의를 포함하여)의 주요한 결점은 대상, 현실, 감각이 오로지 객체의 형태 혹은 관조의 형태로 이해되었

---

[29] 이 글은 맑스가 자신의 선생인 브루노 바우어의 《유대인 문제》에 대한 논평으로 1843년 8월에서 12월 사이에 작성했다. 바우어도 유대인이었다.

을 뿐 인간의 감성적 활동으로, 즉 실천적이고 주체적인 것으로 이해되지 않았다는 점에 있다. 그런 까닭에 활동적인 측면은 유물주의와 대립하여 자연스럽게 현실적이고 감각적인 활동과 같은 것을 알지 못하는 관념주의에 의해 추상적으로 발전되었다. 포이어바흐는 사유대상과 진정으로 구별되는 감각적인 대상들을 파악하고자 했다. 그러나 그는 인간활동 자체가 대상적인 활동임을 파악하지 못했다. 따라서 그는 《기독교의 본질》에서 단지 이론적인 자세만을 진정한 인간의 자세로 간주하고 있다. 반면에 실천은 그 더러운 유대인적 현상형태로만 파악되고 고정된다. 따라서 그는 혁명적인, 즉 실천적이고 비판적인 활동의 의미를 이해하지 못하고 있다.

명제 2: 인간의 사유가 객관적인 진리를 파악할 수 있는지의 문제는 이론의 문제가 아니라 실천의 문제다. 실천 속에서 인간은 진리, 즉 현실성과 힘, 사유의 현세성을 입증해야 한다. 실천과는 분리된 사유가 현실적인 것인가, 아니면 비현실적인 것인가에 관한 논쟁은 순전히 스콜라적인 물음이다.

명제 3: 환경과 교육의 변화에 관한 유물주의적 교의는 환경이 인간에 의해 변화되며 교육자 자신도 교육되어야 한다는 점을 잊고 있다. 따라서 이 교의는 사회를 두 개의 부분(그 중 하나는 다른 하나보다 우월하다)으로 나눈다. 환경의 변화와 인간활동의 변화, 즉 자기변화의 일치는 오로지 혁명적인 실천으로만 파악되고 합리적으로 이해될 수 있다.

명제 4: 포이어바흐는 종교적 자기소외, 즉 세계가 종교적 세계와 세속적 세계로 이원화된다는 사실에서 출발하고 있다. 포이어바흐의 연구는 종교적 세계를 이 세계가 지니고 있는 세속적인 토대들로 분해함에 있다. 그러나 세속적인 토대가 그 자체로부터 분리되어 구름 속에 독립적인 영역으로 고정되어 있다는 점은 세속적인 토대의 자기분열과 자기모순을 통해서만 비로소 설명될 수 있다. 따라서 세속적인 토대 자체는 모순 속에서 이해되고 실천 속에서 혁명화되어야 한다. 예를 들어 지상의 가족이 신성한 가족의 비밀임이 폭로됨에 따라 이제 지상의 가족 그 자체는 이론적으로 그리고 실천적으로 사라져야 한다.

명제 5: 추상적 사유에 만족하지 않은 포이어바흐는 감각적인 직관에 호소한다. 그러나 그는 감각적인 것을 인간의 실천적인 감각적 활동으로 파악하지 않는다.

명제 6: 포이어바흐는 종교의 본질을 인간의 본질로 환원시킨다. 그러나 인간의 본질이라 함은 개별적인 개인에 내재하는 그 어떤 추상물이 아니다. 현실에서 인간의 본질은 곧 사회적 관계들의 총체다. 포이어바흐는 이 현실적인 본질에 대한 비판을 행하지 않았기 때문에 다음과 같은 결론만을 내려야 했다. 첫째, 그는 인간의 본질을 역사적 과정에서 떼어내어 종교적 심성 그 자체로 고정하여 추상적인, 즉 고립된 개인을 전제해야 했다. 둘째, 인간의 본질은 유(Gattung)로서만, 즉 많은 개인들을 자연스럽게 결합하고 있는 내적이고 말이 없는 보편성(Allgemeinheit)으로만 이해될 수 있다.

명제 7: 따라서 포이어바흐는 '종교적 심성' 그 자체가 하나의 사회적 산물이라는 점, 그리고 그가 분석한 추상적 개인이 특정한 사회형태에 속한다는 점을 파악하지 못한다.

명제 8: 모든 사회적 삶은 본질적으로 실천적이다. 이론을 신비주의로 끌고 가는 모든 신비들은 인간의 실천과 그 실천에 대한 이해 속에서 합리적 해결책을 찾는다.

명제 9: 직관적 유물주의, 즉 감각을 실천적 활동으로 이해하지 않는 유물주의가 도달하는 최고의 지점은 개별적인 개인들과 부르주아 사회의 직관이다.

명제 10: 낡은 형태의 유물주의의 관점은 부르주아 사회인 반면, 새로운 유물주의의 관점은 인간사회 혹은 사회적 인간이다.

명제 11: 철학자는 세계를 단지 다양한 방식으로 해석해왔을 뿐이다. 이제 세계를 변화시키는 것이 관건이다.

　위 명제들에 관해 간단히 설명해 보자.

　먼저 맑스는 인간의 '실천(Praxis)'이라는 관점, '이론과 실천의 통일'이라는 관점에서 포이어바흐의 이원화된 사유체계를 비판하고 있다. 명제 1에서 맑스는 이론과 실천의 통일이라는 관점에서 인간활동 자체가 이론적이자 실천적인 요소들을 동시에 지니고 있다는 점을 주장하고 있으며, 명제 2에서 인간사유의 현실성 혹은 현재성 여부가 이론의 문제가 아니라 실천의 문제라는 점을 역설하고 있다. 명제 3에서 맑스는 역사에 대한 유물주의적 관점에서 사회가 두 부분으로 나누어짐을 시사하고 있으며, 나중에《독일 이데올로기》에서 정식화되는 상부구조와 하부구조의 관계를 시사하고 있다. 명제 4에서도 역시 인간의 실천이라는 관점에서 종교적 세계와 세속적 세계의 관계를 조명하고 있으며, 명제 5에서는 인간의 감각적 활동을 인간의 실천으로 규정하고 있다.

　명제 6에서 맑스는 종교의 본질을 인간의 본질로 환원시킨 포이어바흐의 입장을 수용하면서도 인간의 본질이 개별적인 개인에 내재하는 추상물이 아니라는 점을 주장한다. 포이어바흐가 인간의 본질을 내적인 개인에게서 규명하고자 했다면, 그것은 곧 추상적 개인이라는 결론만을 간직하게 될 것이다. 이 점을 비판하면서 맑스는 인간의 본질이 사회적 관계들의 총체라는 관점을 견지한다. 맑스에게는 구체적인 사회 속에서 생활하고 있는 인간의 본질이 중요한 문제이지, 단지 개별적인 존재자로서의 인간에 대한 규정은 아무런 의미가 없다. 고립된 인간으로서의 규정이 아니라 인간이 생활하고 있는 구체적인 환경과의 관련성 속에서의 인간에 대한 규정이 중요하다. 그 결과 나온 결론이 추상적인 개인이 아니라 사회적 산물로서의 개인이다. 인간은 구체적인 환경 속에서 실천을 통해 자신을 규정짓는 사회적 존재다. 그래서 맑스가 나중에 《독일 이데올로기》에서 반복하여 주장하게 되는 것처럼, '현실에서 활동하고 있는 개인들'이 맑스의 인간 및 역사 해석의 출발점이 된다.

그리하여 맑스는 명제 7에서처럼 '종교적 심성' 역시 하나의 사회적 산물이며, 동시에 '유'로서의 인간본질 또한 하나의 특정한 사회형태에 속한다는 점을 지적하고 있다. 간단히 말해 인간의 삶은 '사회적'이며, 그 삶에 놓여 있는 신비들은 오로지 인간의 실천을 통해서만 합리적인 해결책을 마련할 수 있다는 것이다(명제 8). 결론적으로 이전의 유물주의가 부르주아 사회를 위한 것이라면 새로운 유물주의는 인간사회를 위한 것이라는 점, 그리고 이를 위해 세계를 이런저런 식으로 해석만 할 것이 아니라 세계를 변화시키는 데 유물주의가 기여해야 한다는 점을 명제 11로 제시하고 있다.

이제 맑스가 분석하고자 한 세계는 관념의 세계가 아니라 물질의 세계, 즉 현실에서 활동하고 있는 개인들로 구성된 세계였다. 특히 맑스가 세계를 '정신'의 지배에서 '화폐'의 지배, 즉 인간생활의 물질적·경제적 조건의 지배로 전환시켜

보는 첫 번째 징후가 나타났다.《유대인 문제에 대해》에서 바로 이러한 첫 번째 징후가 등장했다.

이 논문은 유대인의 시민적·정치적 권리들에 대해 브루노 바우어가 집필한 두 편의 글을 비평하는 내용을 담고 있다. 하지만 이 논문은 근본적으로 '해방은 무엇을 의미하는가?' 라는 차원에서 인간해방의 문제와 대결하고 있으며, 이러한 가운데 유대인이 예로 등장한다. 맑스가 판단하기에 종교와 정치적 해방 간의 관계에 관한 물음은 곧 정치적 해방과 인간해방 간의 관계에 관한 물음이었다.

맑스는 이 문제들을 종교의 문제로 취급하는 바우어의 시각을 거부한다. 맑스에 따르면, 비판의 초점 내지는 논의대상은 유대인의 안식일[30]에 관한 것이 아니라 유대인의 일상에 관한 것이어야 한다. 다시 말해, 무엇보다도 유대인의 경제생활에 관한 구조를 검토해 보아야 한다는 것이다. 유대인들 공통의 틀에 박힌 양식이 돈과 거래에 집착한다는 지적을 받아들이면서, 맑스는 유대인을 단지 그가 '시민사회의 유대주의'[31]라고 칭했던 것의 특수한 표현으로 기술한다. 여기서 말하는 '시민사회의 유대주의' 는 거래와 금융이자가 사회를 지배함을 의미한다. 사실 맑스는《유대인 문제에 대해》에서 유대주의의 예를 들어 시장 사회에 대한 비판을 감행한다. 맑스의 글을 인용해 보자.

....

30 주지하다시피 기독교에서 안식일은 일요일인 데 비해 유대교에서 안식일은 토요일이다.
31 이 개념은 자본주의적 유대주의로 생각하면 큰 무리가 없을 것이다.

"유대문화의 세속적인 토대는 무엇인가? 실용적 욕구, 이기심.

유대인이 이 세상에서 숭배하는 것은 무엇인가? 폭리를 취하는 장사.

이들이 섬기는 속세의 신은 무엇인가? 돈.

좋다, 그렇다면 말이다, 우리 시대의 자기 해방은 장사와 돈으로부터, 즉 실용적이고 실존하는 유대주의로부터의 해방일 것이다.

그러니까 우리는 유대주의 안에서 오늘날 일반적으로 존재하는 반사회적 요소를 본다. 이 요소는 유대인들이 나쁜 관계 속에서 열렬하게 참여한 역사적 발전을 통해 현재 그 수준이 최고조에 달해 있다. 이것은 반드시 와해되어야 한다. 유대인의 해방은 (……) 유대주의로부터의 인간해방이다."

이 인용문에서 알 수 있는 바와 같이 유대인의 진정한 신은 '화폐'이며, 화폐는 화폐 이외의 다른 어떠한 관계도 결코 용인하지 않는다. 자연에 존재하는 모든 사물 및 인간관계는 오로지 상품관계인 것이다. 다시 말해 사고파는 관계 말이다! 결국 유대인의 사회적 해방은 사회가 유대주의 문화양식으로부터 해방됨을 의미한다. 맑스에게 있어 유대인에 대한 경멸은 곧 부르주아에 대한 경멸이다.

그리하여 맑스는 유대인의 해방, 나아가 인간해방이라는 목표를 이룩하기 위해서는 먼저 정치적 해방이 이루어져야 한다고 주장한다. 그렇다면 정치적 해방은 무엇을 의미할까?

맑스에 따르면, 유대인의 정치적 해방은 국가를 유대교로부터 해방시키는 데 있다. 이것은 상업적 활동에 따라 움직이는 이기적인 개인들에 의해 구성된 국가의 구조를 해체한다는 것을 뜻한다. 덧붙여 말하면, 이는 부르주아 사회의 해체를 의미한다. 간단히 말해, 봉건사회에서의 정치적 해방이 "인간을 한편으로 부르주아 사회의 구성원, 즉 이기적인 독립적 개인들로, 다른 한편으로는 국가시민, 즉 도덕적 개인으로 축소시키는 것"과 같이 말이다. 물론 이 해방은 정치적 혁명을 통해 수행된다. 그런 다음 그는 "유대인의 사회적 해방은 사회를 유대교로부터 해방시키는 데 있다"는 결론을 내리고 있다.

《유대인 문제에 대해》가 맑스의 사상에서 지니는 중요성은 이 책자가 종교가 아니라 경제생활을 인간소외의 주요한 형태로서 파악하고 있다는 데 있다. 포이어바흐가 헤겔 철학에 대한 비판을 통해 종교가 인간소외의 한 형태라는 점을 지적했다면, 맑스는 더 나아가 인간소외가 부르주아 사회의 근간을 형성하고 있는 경제생활에서 비롯된다는 점을 설파했다. 모제스 헤스(Moses Hess)[32] 또한 이러한 방향으로 포이어바흐의 이념을 발전시켰다.

이제 절대자이고 무한자인 '신'이 아니라 현실의 실제 지배자인 '화폐'가 이 세상의 운동을 관장하면서 군림한다. 맑스는《유대인 문제에 대해》에서 이 상황을 이렇게 표현하고 있다.

....

32 엥겔스는 모제스 헤스를 '철학적 길'을 따라 공산주의에 도달한 최초의 인물이었다고 평가한다. 여기서 '철학적 길'이라 함은 헤겔 철학을 말한다.

"화폐는 인간이 믿고 있는 모든 신들의 품위를 떨어뜨린다. (……) 화폐는 모든 사물들의 일반적이고 자기구성적인 가치다. 그러니까 화폐는 인간세계뿐만 아니라 자연을 포함한 모든 세계가 지니고 있는 고유의 가치들을 빼앗아버렸다. 화폐는 인간노동과 인간존재의 소외된 본질이다. 이 낯선 본질이 인간을 지배하고, 인간은 이 낯선 본질을 숭배한다."

맑스의 문제의식을 간단히 정리해보자.

바우어와 포이어바흐를 포함하여 젊은 헤겔주의자들은 종교를 소외된 인간본질로 해석했고, 기독교에 대한 비판적 연구를 행함으로써 이 소외를 종식시키고자 했다. 포이어바흐는 종교적 비판의 영역을 넘어 인간본질의 물질적 측면보다 정신적 측면에 그 관심을 집중시키는 철학을 소외의 형태로 규정했다. 이제 맑스는 인간자유에 장애물인 것은 종교도 철학도 아닌 화폐라는 점을 분명히 밝힌다. 화폐의 세계는 곧 인간의 구체적인 삶의 현장이며, 이 현장을 천착함으로써 맑스는 자신의 문제의식에 대한 답변의 실마리를 찾고자 했다. 이제 다음 단계는 자본주의 경제질서에 대한 비판적 연구가 된다.

프롤레타리아,[33] 맑스 사상의 주체

맑스는《유대인 문제에 대해》에서 산업과 무역, 소유, 그리고 인민에 대한 착취제도가 사회를 파멸로 이끌었다고 역설하면서 재산을 전혀 소유하지 않고 있기에 그 어떤 특수한 이해관계도 가지지 않는 사회적 집단, 즉 프롤레타리아를 발견했다. 그는 프롤레타리아 계급을 '시민사회 속에 존재하지만 시민적 성질을 가지지 않는 계급이고, 모든 계급을 해체하는 계급이며, 그들 자신이 겪어야 하는 보편적 고통으로 인해 보편적 성격을 가지는 사회계급' 으로 규정했다.

헤겔과 마찬가지로 맑스도 프롤레타리아가 안아야 하는 빈곤은 자연의 결과가 아니며, 인간에 의해 인위적으로 형성된 것이라고 여겼다. 맑스가 볼 때 자

---

33 프롤레타리아(Proletariat)라는 단어는 토지, 자본, 안정적 직업을 가지지 못한 채 지속적인 불안상태 속에서 삶을 영위하는 까닭에 기존의 사회질서 유지에 위협적인 존재로 남아 있는 집단들을 가리키기 위해 독일이 프랑스에서 수입한 단어다.

본주의 사회는 화폐 이외의 어떤 관계도 용인하지 않으며, 모든 자연과 인간관계를 상품으로 바꾸어 놓는다.

맑스의 사상에서 프롤레타리아의 등장은 자본주의의 발전과 그 맥을 같이한다. 그가 살았던 시대는 자본주의의 초기 발전단계에 해당했고, 계급적 분화라는 관점에서 볼 때 산업자본가와 공장노동자가 사회의 주요 계급으로 맹위를 떨치기 위한 준비를 하는 시기였다. 엥겔스가 1845년에 출간한 《영국 노동자 계급의 상황》을 보면, 자본주의 사회에서의 자본가 계급과 노동자 계급 간 관계 혹은 자본가 계급이 노동자 계급을 대하는 태도가 다음과 같이 표현돼 있다.

"영국의 부르주아는 돈을 벌 수만 있다면 노동자가 굶어 죽어도 개의치 않는다. (……) 공장주와 노동자의 관계는 인간적인 관계가 아니라 순전히 경제적인 관계다. 공장주는 '자본'이고 노동자는 '노동'일 뿐이다."

그는 영국 맨체스터에서 공장을 경영하고 있었던 엥겔스를 통해 영국 노동자 계급의 상황을 알 수 있었다.

여기서는 간단히 18세기 말경에 발생한 독일의 사회적 상황 변화에 관해 기술해 보자. 18세기 말경 독일에서는 길드제도에 편입되지 못한 궁핍한 사람들이 도시로 물밀듯이 밀려들고 있었다. 이들은 경제적으로 독립하지 못했으며 정치적 참정권 역시 가지지 못한 사람들로, 사회질서의 안정에 대단히 위협적인 존재였다. 이러한 상황을 인식한 헤겔은 1820년대에 빈민문제에 주목하기 시작했다. 1830년대에 빈민의 수가 지속적으로 증가했기 때문에 1840년대에는 대중적 관심이 빈민에게로 향해졌다. 빈민 문제가 해결되지 않는다면 필시 혁명이 발생할 것이라는 염려가 고조됐다.

하지만 1848년 이전에는 독일의 근로자 중 공장 노동자의 비율이 아주 낮았다.[34] 약 17만 명의 사람들이 독일 관세조합구역 안의 공장과 광산에서 일하고 있었는데, 이들은 전체 경제활동인구의 2.5퍼센트에 지나지 않았다. 하지만 이들의 생활여건은 매우 열악했다. 노동자 가족은 생계를 유지하기 위해 한 명도 빠짐없이 노동현장에 나가야 했다. 특히 섬유산업에서는 여성이 전체 노동력의 2분의 1을 차지했고, 공장 노동자의 15퍼센트가 7세도 안 되는 어린이들이었다. 공장에서의 아동노동의 착취가 극에 달했던 1846년에 공장에서 일하는 아동 중 6.5퍼센트가 9~14세의 어린이였다고 한다.[35] 물론 1830년대 후반부터 독일에서는 국가가 아동의 노동시간을 제한하고, 아이들에게 학교 수업을 받을 수 있게 하도록 공장주들에게 요구하는 등 아동노동에 대해 규제하기 시작했다. 그러나 이런 국가의 요구는 좀처럼 지켜지지 않았다.

엥겔스는 이러한 상황을 빗대어 자신의 출생지(부퍼탈)를 "경건주의와 속물

----

34 이 당시 독일 노동자의 상황에 대해서는 한스 울리히 벨러(Hans-Ulich Wehler)의 《독일사회사(Deutsche Gesellschaftsgeschichte)》(1987) 제2권을 참조.
35 맑스가 태어난 1818년에서 1848년 사이의 30년 동안 오스트리아 제국의 인구를 제외하고 독일에서 거주하는 인구는 2200만 명에서 3300만 명으로 50퍼센트 증가했다.

섬유공장에서 일하는 어린 노동자들

근성이 우글거리는 바다"로 비유하면서 노동자들의 육체와 영혼이 파괴되고 있다고 진술했다. 프로테스탄트였던 대부분의 공장주들은 종교적 경건함으로 충만돼 있었지만 사회적 책임을 내팽개치고 돈벌이에 혈안이 되어 있었다. 그들은 고상한 문화나 이상적 열정이라고는 눈을 씻고 봐도 찾아볼 수 없는 위선자들이었다. 역사적 배경에 대한 기술은 이 정도 해두기로 하자.

1844년 맑스는 〈독불연보〉에 《헤겔 법철학 비판: 서문(Zur Kritik der Hegelschen Rechtsphilosophie. Einleitung)》[36]을 기고했다. 이 글은 《유대인 문제에 대해》와 마찬가지로 맑스의 사상을 이해하는 데 하나의 이정표 역할을 한다. 그 이유는 맑스가 다가오는 인간성의 해방에서 결정적인 역할을 할 주체로 노동자 계급을 처음으로 지목한 글이기 때문이다. 이 글에서 맑스는 바우어와 포이어바흐가 종교에 대해 행했던 비판을 정리하면서 자신의 입장을 개진하고 있다. 맑스는 종교를 '사람들의 아편'으로 표현한다. 그리고 인간의 자기소외는 종교라는 신성한 형태 속에서 폭로되었다고 말한다. 이제 철학의 과제는 법이나 정치처럼 신성하지 않은 형태 속에서 인간의 자기소외를 폭로하는 것이다.

"저 세상의 진리가 사라지고 난 후에는 이 세상의 진리를 확립하는 것이 역

....

36 《헤겔 법철학 비판》은 국가의 문제를 다룬 헤겔의 《법철학 강요(Grundlinien der Philosophie des Rechts, oder Naturrecht und Staatswissenschaft im Grundrisse)》 261항에서 313항까지에 대한 비판적 분석을 담은 책으로 1843년 3월부터 8월까지 크로이츠바흐(Kreuzbach)에서 작성됐다. 《헤겔 법철학 비판: 서문》은 그 뒤인 1843년 말부터 1844년 1월까지 작성됐다.

사의 과제다. 인간의 자기소외가 내포하고 있는 성스러운 형상을 폭로한 후에 세속적인 형상 속에서 자기소외를 드러내는 역사적 과제가 철학의 일차적인 과제다. 이로써 하늘에 대한 비판은 지상에 대한 비판으로, 종교에 대한 비판은 법에 대한 비판으로, 신학에 대한 비판은 정치에 대한 비판으로 전환한다.”

이 글에서도《유대인 문제에 대해》에서와 마찬가지로 맑스의 유물론적 입장이 잘 드러나 있다. 그에게 중요한 것은 여전히 현실세계에 대한 구체적인 비판이었다. 그런 까닭에 그는 ‘현실에서 활동하는 인간’ 내지는 ‘인간의 현실적 생활과정’ 에 분석의 초점을 맞추었던 것이다. 맑스에 따르면 인간은 자기의 삶을 표현하는 방식대로 존재하며, 따라서 인간이 어떠한 방식으로 존재하는가라는 물음이 중요하다. 인간은 하나의 관념 속에서 하나의 표상을 가지는 존재가 아니다. 인간의 존재방식은 ‘무엇을’ ‘어떻게’ ‘생산’ 하는가 하는 문제와 직결된다. 결국 인간의 존재는 인간이 행하는 ‘생산의 물질적 조건들’ 에 따라 규정된다는 것이다. 이 점은 나중에《독일 이데올로기》에서 극명하게 드러난다.

다시 인간소외의 문제로 돌아가 보자. 하늘에 대한 비판이 지상에 대한 비판으로 전환되었다고 해서 인간소외 및 인간해방이 완결되는 것은 아니다. 다시 말해, 맑스가 볼 때 인간이 자기소외를 극복하고 진정으로 해방되기 위해서는 바우어와 포이어바흐가 행했던 비판만으로는 부족하다는 것이다. 필요한 것은 ‘실천' 이고, 실천을 위한 주체가 설정되어야 한다는 점이다. 이러한 의미에서 《헤겔 법철학 비판: 서문》에서 맑스는 이렇게 단언한다.

"비판의 무기는 명백히 무기들에 대한 비판을 대신할 수 없다. 물질적인 힘은 물질적인 힘에 의해 전복되어야 함에 틀림없다. 그러나 이론이 일단 대중을 사로잡기만 하면, 이론 역시 하나의 물질적 힘이 된다."[37]

대중의 역할에 대한 초기 인식에서 맑스는 대중의 역할을 독일의 상황에 특수한 것으로 취급하고 있다. 독일에서 실제적인 삶은 의식이 없으며, 어떠한 계급도 직접적인 조건, 즉 실제적인 삶을 속박하는 쇠사슬인 물질적인 필연성에 의해 강요되는 한 자유로워질 수 없다는 것이다. 맑스는 질문을 던진다. 도대체 어디에서 독일인의 자유를 위한 확고한 가능성을 찾을 수 있단 말인가? 그는 스스로 이렇게 대답한다.

"급진적 고리들을 가진 하나의 계급 형성에서 (……) 사회의 국면은 사회가 안고 있는 보편적인 고통으로 인해 보편적 성격을 띤다. (……) 간단히 말해,

---

37 맑스는 말한다. "혁명은 요컨대 하나의 수동적인 요소, 즉 물질적 토대를 필요로 한다. 이론은 한 인민이 그의 요구들을 실현하는 한에서만 항상 실현된다. (……) 사상이 실행되도록 노력하는 것으로는 충분하지 않다. 현실 그 자체가 사상을 얻으려고 노력해야 한다." 이 말은 곧 현실 혹은 물질적 토대와 사상의 변증법적 관계를 의미한다. 즉, 물질적 토대가 없는 사상은 공허한 외침에 불과할 뿐이라는 것이다.

이 국면은 인간성의 철저한 상실이다. 그리고 이 국면은 오로지 인간성의 완전한 회복을 통해서만 회복될 수 있다. 하나의 특수한 계급으로서의 사회의 해체는 프롤레타리아인 것이다."

비판의 무기였던 철학은 실천적 담지자인 프롤레타리아 계급과 조우함으로써 그 실제적인 힘을 발휘한다. 이러한 맥락에서 "철학이 자신의 물질적 무기를 프롤레타리아에서 발견하는 것처럼 프롤레타리아는 자신의 지적인 무기를 철학에서 발견한다." 맑스는 인간소외 문제에 대한 새로운 해결책의 싹을 철학과 프롤레타리아의 관계 속에서 찾고 있다. 비판과 철학적 이론 자체로는 인간소외를 끝내지 못할 것이다. 좀 더 실천적인 힘이 요구되는데, 인위적으로 황폐화된 노동계급이 이 힘을 가져다준다. 가장 낮은 사회계급이 '철학의 실현'[38]을 이루어 줄 것이다.

다시 말해, 새로운 급진적 철학의 지도를 따르는 프롤레타리아는 인간이 태어나서 성장하고 자신으로부터 소원해지고, 그래서 자신의 소외된 본질로 인해 노예가 되었던 변증법적 과정인 인간의 자기소외를 끝내고 인간해방을 이룩할 것이다.

1844년 이전에 맑스는 프롤레타리아의 존재에 거의 주목하지 않았고, 프롤

---

38 맑스는 《헤겔 법철학 비판》에서 이렇게 적고 있다. "철학은 프롤레타리아를 폐기하지 않고서는 실현될 수 없고, 프롤레타리아는 철학을 실현하지 않고서는 폐기될 수 없다."

레타리아가 소외를 극복함에 있어서 어떤 역할을 가지고 있다고는 결코 시사하지 않았다. 그렇다면 1844년 이후에 맑스가 인간해방을 가져다 줄 물질적 힘으로 프롤레타리아에 관해 언급하고 있는 이유는 어디에 있단 말인가? 이 점에 관해 생각해보자.

우선 이 시기에 맑스가 자본주의에 대한 자신의 연구에서 프롤레타리아를 주체로서 주목했다고 보는 것은 적절치 않다. 맑스는 이 당시에 막 경제적 연구를 시작했다. 물론 이때 맑스는 자본주의의 초기단계에서 나타나는 문제들을 목격했음에 틀림없다. 하지만 이에 대한 과학적 분석은 아직 이루어지지 않은 상태였다. 따라서 맑스가 프롤레타리아에 중요성을 부여한 것은 역사적 혹은 경제적인 이유에서라기보다 철학적인 이유에서라고 볼 수 있다. 그는 관념철학을 극복하고 변혁의 관점에서 철학을 무기로 이용하는 과정에서 철학적 담지자가 필요했다. 또 인간소외는 특정한 계급에 한정된 문제가 아니라 인간 일반에 걸친 보편적 문제이므로 보편적 성격을 가져야 한다. 맑스가 볼 때 프롤레타리아는 전체적인 박탈로 인해 보편적인 성격을 가지기 때문에 사회의 특정한 계급을 대변하는 것이 아니라 모든 인간을 대변하는 존재였다. 이러한 의미에서 프롤레타리아는 맑스의 철학적 목적에 잘 부합했다.

그렇다고 해서 맑스가 《헤겔 법철학 비판: 서문》을 쓰기 전에는 프롤레타리아에 관해 전혀 몰랐던 것은 결코 아니다. 다만 주목하지 않았을 뿐이다. 그러다가 자본주의 발전에 관해 깊은 관심을 갖고 프랑스 사회주의자들과 접촉하기 시

작하면서부터 맑스는 철저하게 소외된 인간의 표상으로서의 프롤레타리아를 주
목하게 된 것이다.

맑스와 자본주의[39]

1844년에 파리로 간 맑스는 프랑스의 사회주의자들과 접촉하면서 자신의 사상적 지평을 넓혀 갔다. 이는 자본주의 경제에 관한 깊고 구체적인 관심으로 이어졌다. 그 결과 그는 두 가지 중요한 인식을 가지게 되었다. 그 중 하나는 경제가 인간소외의 가장 중요한 형태라는 점이고, 또 다른 하나는 경제의 지배로부터 인간을 해방시키기 위해 요구되는 물질적인 힘이 노동계급에게 있다는 점이다.

그런데 여기에서 언급해야 할 중요한 사항이 있다. 맑스가 자본주의에 대해 비판적 성찰을 한 데는 엥겔스의 영향이 매우 컸다. 엥겔스는 〈독불연보〉에 《정치경제학 비판 요강(Umrisse zur einer Kritik der Nationalökonomie)》이라는 제목

---

39 '자본주의(capitalism)' 라는 말은 애덤 스미스의 '상업사회', 헤겔의 '시민사회(bürgerliche Gesellschaft)' 와 동의어다. 당시 자본주의 사회에 대해 우호적인 감정을 지니고 있었던 사상가들은 '자본주의' 란 단어를 경멸적인 표현으로 여겨서 이 단어의 사용을 기피했다.

의 원고를 실었다.[40] 엥겔스는 이 글에서 '사회주의의 관점에서 부르주아 사회의
경제적 구조와 부르주아 정치경제학의 범주들'을 논의하고 있다. 당연히 맑스는
이 글의 원고를 읽었고,《정치경제학 비판을 위하여》의 서문에서 "경제적 범주들
의 비판을 위한 독창적인 개요(Skizze)"라고 이 글을 높이 평가했다. 맑스는 엥겔
스의 이 글에 이끌려 산업노동자 계급의 상황에 더욱 큰 관심을 가지게 되었다.
이 글에는 자본주의에 대한 도덕적 논쟁의 기본전제가 처음으로 잘 드러나 있
다.[41] 이에 관해 기술하기로 하자. 엥겔스의《정치경제학 비판 요강》의 핵심적 내
용은 이렇다.

　자본주의는 탐욕과 이기적 충동을 토대로 건설된, 도덕적으로 파렴치한 제
도임에도 애덤 스미스는 이런 사실을 은폐했다. 스미스와 같은 계몽주의 철학자

---

[40] 엥겔스는 정치경제학의 정의와 관련하여《오이겐 뒤링 씨의 과학 변혁(Herrn Eugen Dühring's Umwälzung der Wissenschaft)》(1876년 가을에서 1878년 중반까지 저술, 1877년 1월 3일에서 1878년 7월까지 〈전진〉에 연재)에서 이렇게 진술하고 있다. "정치경제학은 아주 넓은 의미에서 인간사회에서 물질적 생필품의 생산과 교환을 지배하는 법칙들에 관한 과학이다. 생산과 교환은 서로 다른 두 가지 기능이다. 생산은 교환이 없어도 발생할 수 있다. 반면에 교환은 (애초부터 바로 생산물들의 교환인 까닭에) 생산이 없이는 일어날 수 없다. 이 두 가지 사회적 기능은 각각 특수한 외적 작용들의 영향을 받고 있으며, 그 나름대로의 특수한 법칙도 갖고 있다. (……) 사람들이 생산하고 교환하는 조건들은 국가마다 다르며, 각각의 국가에서는 세대마다 다르다. 따라서 정치경제학은 모든 국가와 모든 역사적 시대에서 꼭 같을 수 없다. (……) 본질적으로 정치경제학은 역사적 과학이다. (……) 정치경제학은 무엇보다도 생산과 교환의 개별적인 발전단계에서 나타나는 특수한 법칙을 연구한다.
[41]《맑스/엥겔스 전집》(MEW) 제1권(499~524쪽)에 실려 있는 엥겔스의《정치경제학 비판 요강》에 대한 평가와 관련한 내용은 다음과 같다. "이 글은 엥겔스가 관념주의에서 유물주의로, 혁명적 민주주의에서 공산주의로 최종적으로 이행했다는 것을 입증하고 있다. 그럼에도 불구하고 이 글이 윤리적인 '철학적' 공산주의의 영향에서 완전히 벗어난 것은 아직 아니다. 엥겔스는 부르주아 사회를 비판함에 있어 군데군데 아직도 일반적인 인간적 도덕과 인간이라는 추상적 원칙들에서 출발하고 있다."

들은 이기심을 '잠재적인 사회적 효용'이라고 해석했다. 하지만 상거래의 배후에 숨어 있는 진정한 동기는 이기적인 것에 불과하다. 엥겔스의 진술을 들어보자.

"자기 이익을 위해 상인은 물건을 싸게 구입하는 대상인 다른 상인들뿐 아니라 비싸게 팔아야 하는 대상인 소비자와도 좋은 관계를 유지한다. 이때 국가가 공급자와 소비자 사이의 반목을 조성한다면 그 국가는 매우 신중하지 못한 국가다. 공급자와 소비자의 관계가 우호적일수록 거래는 더욱 유리하게 이루어진다. 이것을 상거래의 인간적 측면이라고들 한다. 또 이와 같은 비도덕적인 목적을 위해 도덕성을 위선적으로 남용하는 것을 두고 자유무역제도의 자부심이라고 한다. 당신들은 당사자 사이의 형제애를 초래했다고 말하지만, 그 형제애는 사실상 도둑들의 형제애다. (……) 당신들이 보편적인 이해관계와 개인적 이해관계의 대립이 무익하다는 것을 터득하고 순수하게 인간적인 입장에서 무엇을 한 적이 있었던가? 언제 당신들이 이득을 챙기겠다는 의도 없이, 혹은 당신들 마음 저편에 비도덕적이고 이기적인 동기를 지니지 않은 채 도덕적이었던 적이 있었던가?"

엥겔스는 논의를 진전시켜 "자본주의의 기본적인 문제는 어디에 있는가?"라는 질문을 던지고 이렇게 진단한다. "자본주의의 기본적인 문제는 경쟁에 있다." 경쟁은 모름지기 모든 인간을 고독 속에 고립시키고, 이웃과 싸우게 만들고, 서로 잡아먹는 탐욕스러운 짐승으로 변하게 해서 '만인의 만인에 대한 전쟁'을 조장했다. 이자와 관련하여 엥겔스는 "이자를 받고 돈을 빌려주는 것처럼 노동을 하지 않고 대가를 받는 행위는 부도덕한 행위"라고 규정한다. 그렇다면 노동시장에서 벌어지는 수요와 공급에 의해 결정된다고 자본가들이 말하는 임금에 대해 엥겔스는 어떻게 생각했을까? 그는 '공정한 하루 노동에 대한 공정한 하루 임금'이라는 신문사설[42]에서 공정한 일일 노동에 대한 공정한 일일 임금에 대한 문제를 제기한다. "어떻게 이것이 현대사회가 존재하고 발전하는 법칙들에 의해 결정되는가?" 그리고 이렇게 답변의 실마리를 제시한다.

"우리는 도덕에 대한 학문에도, 법과 형평성에 대한 학문에도 근거해서는 안 된다. 또한 인정이니 공정성이니, 혹은 자비니 하는 그 어떤 감상적인 감정에 근거해서도 안 된다. 도덕적으로 공정한 것, 심지어 법률상으로 공정한 것조차도 사회적으로 공정한 것과 다를 수 있다. 사회적 공정성이나 불공정성은 오직 하나의 과학에 의해서만 결정된다. 그것은 생산과 교환의 물질적 사실들을 다루는 과학, 즉 정치경제학이라는 과학이다."

....

[42] 이 사설은 1881년 5월 1일과 2일에 작성되어 1881년 5월 7일에 〈노동기치〉라는 영국 노동조합 신문에 실렸다.

이 인용문에서 알 수 있듯이 엥겔스는 공정한 임금의 문제를 인간의 감정, 도덕성, 혹은 법적인 공정성의 관점에서 바라보지 않고 구체적이고 현실적인 사실관계의 관점에서, 즉 정치경제학이라는 과학에 근거하여 파악하고자 한다. 그렇다면 정치경제학에서 공정한 일일 임금과 공정한 일일 노동은 도대체 무엇인가? 그것은,

"단지 공개적인 시장에서 고용주와 피고용인의 경쟁에 의해 결정되는 임금 시세와 일일 작업의 길이 및 강도다."

이 공정한 일일 임금과 공정한 일일 노동에 대해 좀 더 알아보자.

"공정한 일일 임금이란 정상적인 조건 속에서 노동할 수 있게끔 자신을 유지하고 종족을 번식시키기 위해 자신의 지위와 자신이 속한 국가의 생활수준에 맞는 생활을 유지하는 데 필요한 생존수단을 확보할 수 있을 만큼의 액수다. (……) 공정한 일일 노동이란 노동자가 매일 동일한 양의 노동을 할 수 있는 능력을 해치지 않는 수준에서 최대한 소모할 수 있는 일일 노동력에 딱 맞는 작업량과 작업강도를 의미한다."

그렇다면 노동시장에서 자본가와 노동자 사이에 이루어지는 매매와 구매라

는 교환행위는 어떠한 속성을 지니는 걸까?

"노동자는 자본가에게 자신의 완전한 일일 노동력을 제공함으로써 지속적
인 거래를 가능하게 한다. 이 교환에서 노동자는 날마다 동일한 거래계약을
유지하는 데 필요한 만큼의 생활필수품을 받는다. 거래계약의 속성이 허용
하는 한도 내에서 노동자는 많이 주고 자본가는 적게 준다. 이는 아주 독특
한 종류의 공정성이다."

자본주의 시장경제에서 이루어지는 '독특한 종류의 공정성' 에 관해 탐색해
보자.

"정치경제학자들에 따르면 임금과 노동일은 경쟁에 의해 결정되므로 공정
성이라는 측면에서 볼 때 양측이 평등한 조건 아래 공정한 출발점을 가질 것
으로 여겨진다. 하지만 사실은 그렇지 않다. 만약 자본가와 노동자의 거래조
건이 서로 일치하지 않았다고 하자. 이때 자본가는 자기에게 합당한 조건에
맞춰질 때까지 기다릴 만한 여유가 있다. 그는 자기가 가진 자본으로 생활할
수 있다. 반면 노동자는 그럴 수가 없다. 노동자는 오로지 임금에 의지해 먹
고 산다. 따라서 노동자는 언제인지, 어디서인지, 어떤 조건인지를 불문하고
자신에게 주어진 일거리를 받아들여야 한다."

따라서,

"노동자는 전혀 공정한 출발점에 서 있지 않다. 배고픔 때문에 그는 아주 불리한 입장에 처해 있다. 그러나 자본가 계급의 정치경제학에 따르면 이것이 곧 공정성의 극치라는 것이다."

자본주의 생산양식의 발전과 함께 신기술 및 기계가 도입되면 상황은 더욱 악화된다. 계속해서 점점 더 많은 노동자들이 일거리를 찾기 어려워지고, 결국 대규모의 '산업예비군'이 사회에 자리 잡게 된다. 나아가 "산업예비군들의 경쟁이 임금을 낮은 상태로 붙잡아 둘 것이며, 이 예비군이 존재한다는 사실만으로도 노동과 투쟁하는 자본의 힘은 강화될 것이다. 자본과의 경주에서 노동은 불리한 입장에 서 있을 뿐 아니라 다리에 육중하게 매달려 있는 대포알도 질질 끌고 가야 한다." 자본가의 정치경제학은 이것을 공정성으로 간주한다. 그래서 엥겔스는 자본가의 정치경제학이 말하는 이 공정성을 바로잡는 방법은 노동하는 인민들 스스로가 노동수단을 보유하는 것이라고 말한다.[43]

스미스는 상업사회에서 개인은 상인이 된다고 주장했다. 반면에 엥겔스는

....

43 엥겔스는 '임금제도'라는 제목으로 신문사설에서 이렇게 지적했다. "자본가는 노동수단의 소유자인 까닭에 생산물 전체(이로부터 노동자에게 임금을 지불하면서)를 주머니 속에 집어넣는다. 따라서 노동자 계급이 모든 노동 수단(토지, 원료, 기계 등)의 소유자가 될 때까지는, 그리하여 자신이 생산한 모든 노동 생산물의 소유자가 될 때까지는 노동자 계급의 진정한 구원이란 있을 수 없다."

자본주의 사회에서 모든 인간은 타인의 불행을 통해 이득을 취하는 투기꾼이 된다고 보았다. 엥겔스는 인간을 서로 경쟁하게 만든다는 점에서 전쟁과 시장은 서로 유사하다고 말한다. 그가 보기에 경쟁은 적대감을 좋게 표현한 단어에 불과했다. 스미스가 주장했던 평화롭고 협조적인 관계의 뚜껑을 열어보면 시장은 곧 전쟁을 의미했다. 시장은 계획되지 않은 무질서와 혼돈 그 자체였다.[44] 자본주의 사회에서 경쟁은 대자본이 중소자본을 도태시킴으로써 사적 재산의 집중을 초래하고, 종국에는 중산계급이 사라지고 세계는 '백만장자와 빈곤층'으로 양극화될 것이라는 게 엥겔스의 관점이었다.

부르주아 사회에 대한 부정적인 견해는 맑스와 엥겔스가 공상적 사회주의자로 규정했던 푸리에(Fourier)에게서도 잘 드러난다. 그는 역사의 발전단계를 '야만', '가부장제', '미개', '문명'이라는 네 단계로 나눈 다음 '문명' 단계가 곧 부르주아 사회와 일치한다며 이렇게 말한다. "문명화된 질서는 미개 시대에서 단순한 방식으로 저질러진 악덕들을 복합적이고, 애매모호하고, 양면적이고, 위선적인 실존방식으로 바꾸어 놓았다."

엥겔스의 기본적인 관점들을 그대로 수용하면서 맑스는 1844년에 자본주의 경제질서 및 경제학에 대한 비판적 연구를 시작한다. 자본주의 경제질서에 관한 비판적 연구는 1867년에 출간된 《자본》 제1권으로 그 정점에 도달한다. 경제학

----

44 이 부분에 대한 자세한 기술 및 분석들은 엥겔스의 《정치경제학 비판 요강》을 참조.
45 이 글은 파리에서 1844년 4월부터 8월까지 작성되었다고 한다.

에 대한 맑스의 첫 번째 비판적 연구는 1844년 파리에서 쓴 《경제―철학 수고》[45]
였다. 이 글은 파리에서 작성되었다고 해서 '파리 수고'라고도 불린다. 《경제―
철학 수고》에서 맑스는 경제학적, 사회학적, 인류학적, 철학적 결과물들을 하나
의 총체적인 사회과학의 형태로 결합시키고자 시도한다. 나아가 이 책에서는 인
간주의자로서의 맑스의 모습과 고민을 엿볼 수 있다.[46]

그는 이 책의 서문에서 포이어바흐를 "헤겔의 《정신현상학》과 《논리학》이
래로 진정한 이론적 혁명을 담고 있는 유일한" 작가라고 칭찬하면서 상품교환경
제인 자본주의의 분배원칙에 근간이 되는 노동임금, 자본의 이윤, 지대를 통해
자본주의 경제질서의 특징에 관해 논의한다. 이 논의의 과정에서 맑스는 애덤 스
미스와 같은 고전정치경제학의 선구자들을 인용한다. 고전정치경제학에 따르면
노동자는 상품으로 전환되고, 가격은 수요와 공급의 법칙에 의존한다. 가령 노동
자의 공급이 수요를 초과할 경우 임금은 하락하고 노동자는 굶주림에 시달린다.
따라서 임금은 노동력의 재생산을 위해 필요한 한도 내에서 가능한 한 가장 낮은
수준을 유지하려는 경향이 있다.

하지만 《경제―철학 수고》는 1932년까지 출간되지 않았다. 사실 이 원고는
완전한 형태가 아니었다. 여러 부분들이 제대로 연결되지 않은 상태였다. 하지만
맑스가 이 글에서 밝히고자 했던 것이 무엇인지를 이해하는 데는 별 문제가 없

---

46 콜라코브스키(L. Kolakowski)는 《맑스주의의 주요 흐름들(Main Currents of Marxism)》에서 맑스의 사상이
사실상 1844년에 형성되었다고 주장한다.

다. 그는 이 글에서 자본가들은 자신들이 고용한 노동자들의 노동을 통해 부를 증대시킨다는 점에 주목한다. 자본가는 노동자가 생산한 특정한 양의 가치를 자신이 차지함으로써 부유해진다. 노동자의 노동은 자본가의 자본을 증식시킨다. 따라서 자본은 곧 축적된 노동이다. 자본가는 자본을 더욱더 증식시키기 위해 공장을 짓고, 생산성을 높이기 위해 좋은 기계들을 구입한다. 기계의 도입과 함께 분업이 이루어진다. 그리하여 많은 수의 노동자가 필요 없어진 자본가는 노동자를 해고하게 된다. 노동자들은 이제 노동시장에서 자신의 노동력을 팔아야 한다. 이러한 상황은 노동자들 사이에 치열한 경쟁을 불러일으키고 결국 임금은 하락한다.

애덤 스미스와 같은 고전정치경제학자들에 의하면 시장은 '자연적 질서'로서 '보이지 않는 손'에 의해 조화롭게 움직인다. 이들이 볼 때 자본주의 경제질서는 인간이 가질 수 있는 가장 조화롭고 자연적인 경제형태다. 반면 맑스가 볼 때 자본주의는 역사의 특정한 단계에서 나타난 하나의 경제형태로, 결코 영원불멸의 경제제도가 아니었다. 맑스는 자신이 단지 경제학자로 규정되는 것을 원하지 않았다. 그는 경제학의 수준을 넘어서서 하나의 사회비판이론을 구축하고자 했다. 그에게 있어 사유재산, 욕망, 경쟁 등과 같은 것은 인간본성에 부합하는 것으로서 당연하게 주어져 있는 것이 아니었다. 그것들은 단지 특정한 제도의 산물에 불과했다.

맑스는 단지 경제학 연구의 차원을 넘어 고전정치경제학자들이 무시했던 문제들을 던진다. 그는 경제법칙들의 의미와 중요성에 대해 근원적인 분석을 가하고자 했다. 여기서 '근원적인 분석' 이란 무엇인가? 그것은 곧 상품을 생산하는 자본주의 사회에서 등장하는 '소외된 노동' 에 대한 분석이다. 그래서 맑스는 고전정치경제학자들을 연구하면서 이렇게 말하지 않았던가! "경제학이 소외된 형태의 사회적 교류를 본질적이고 본래적인 자연적 형태로 확립하고 있다는 점은 분명하다." 맑스는 포이어바흐가 종교에 가한 비판과 비슷한 맥락에서 경제학이 지니는 함축성을 설명하고 있다.《경제－철학 수고》에서 맑스는 이렇게 적고 있다.

"노동자가 더 열심히 일하면 할수록 노동자 자신과 반대로 형성된, 소외된 대상세계는 더욱 더 큰 힘을 발휘한다. 노동자의 내면세계는 더욱 더 빈곤해지고, 그에게 속한 것은 점점 더 없어진다. 종교에서도 마찬가지다. 인간이 신에게 많은 것을 돌리면 돌릴수록 인간이 자신 속에 보유하는 것은 점점 더 줄어든다. 노동자는 자신의 삶을 대상으로 던져버린다. 그래서 그의 삶은 더 이상 그의 것이 아니라 대상이 된다."

그리하여 노동자가 생산한 생산물은 노동자와는 아무런 직접적인 관계를 형성하지 못한다. 즉,

"생산물에서 노동자의 외재화(外在化)는 노동자의 노동이 하나의 외적인 존재가 된다는 것을 의미할 뿐만 아니라 노동자의 노동이 그 주체였던 노동자에게서 완전히 분리되어 노동자와 대립하는 독립적이고 독자적인 힘으로 존재하게 된다는 것을 의미한다."

이를 다른 말로 표현하면,

"노동의 생산물이 하나의 낯선 존재, 즉 생산자로부터 독립적인 하나의 힘이 되어 노동과 대립한다. 노동의 생산물은 하나의 대상 속에 고정되어 있는 사물화된 노동인 바, 이는 곧 노동의 대상화를 의미한다. 노동의 현재화는 노동의 대상화다. 국민경제학적 상황에서 노동의 이러한 현재화는 노동자의 탈현재화로, 대상화는 대상의 상실과 대상에 대한 예속으로, 전유는 소외로, 곧 외화로 나타난다."

요컨대 맑스는 자본주의 비판 혹은 정치경제학 비판의 결론을 '사적 소유'와 '소외된 노동' [47]이라는 언어를 사용하여 이렇게 내린다.

----

47 맑스의 사유체계 안에서 사적 소유와 소외된 노동의 관계는 이렇다. "사적 소유란 외화된 노동, 자연과 자기 자신에 대한 노동자의 외적인 관계의 생산물, 결과, 필연적 귀결이다. 따라서 사적 소유는 외화된 노동, 즉 외화된 인간, 소외된 노동, 소외된 생활, 소외된 인간의 개념으로부터 생겨난다." 또한 노동자가 노동력의 대가로 받는 임금은 "소외된 노동의 직접적 결과"다.

"우리는 국민경제학의 전제들에서 출발했다. 우리는 그 언어와 법칙들을 수용했다. 우리는 사적 소유와 노동, 자본, 토지의 분리, 이와 함께 임금, 자본의 이윤, 지대의 분리, 그리고 분업, 경쟁, 교환가치 개념 등을 가정했다."

그리하여 국민경제학으로부터 "노동자가 상품으로, 그것도 가장 비천한 상품으로 전락한다는 점, 노동자의 빈곤은 그의 생산의 힘과 크기에 반비례한다는 점, 경쟁의 필연적 결과는 소수의 수중으로의 자본의 축적이라는 점, 사회 전체가 소유자들과 무소유의 노동자들이라는 두 계급으로 나누어질 수밖에 없다는 점" 등을 이끌어낼 수 있다. 또한,

"국민경제학은 사적 소유라는 사실에서 출발한다. 국민경제학은 우리에게 바로 이 점을 설명해 주지 않고 있다. (……) 국민경제학은 사적 소유가 현실 속에서 일어나는 물질적 과정을 일반적이고 추상적인 공식들로 표현하고, 그 공식들은 국민경제학의 법칙들로 간주된다. (……) 즉 국민경제학은 법칙들이 어떻게 사적 소유의 본질에서 유래하는지를 규명하지 않고 있다. 국민경제학은 우리들에게 노동과 자본, 자본과 토지 간 분리의 근거에 대해 어떠한 설명도 제공해 주지 않고 있다. 예를 들어 자본의 이윤에 대한 임금의 관계를 규정할 경우에 국민경제학은 자본가들의 이해관계를 최종적인 근거로 간주한다. (……) 경쟁 역시 도처에서 나타나고 있다. 경쟁은 외적인 상황

으로부터 설명된다."

결국,

"국민경제학자가 움직이는 유일한 수레바퀴란 소유욕과 소유욕을 지닌 사
람들 사이의 전쟁, 즉 경쟁이다."

이제 맑스가 자본주의 경제학 내지는 고전정치경제학을 거부했던 이유가
분명해진다. 그는 고전정치경제학자들이 품고 있었던 전제조건들 안에서 이들
에 대해 도전한 것이 아니다. 그는 이들의 전제조건들을 수용하지 않았고, 이들
의 전제조건 밖에서 하나의 관점을 취했다. 또 그는 사적 소유, 경쟁, 욕망 등은
인간생활의 특정한 조건 안에서만, 즉 소외의 조건 안에서만 발견될 수 있다는
점을 논의했다. 맑스는 이렇게 주장한다. 인간의 '자기발전' 을 '하나의 과정' 으
로 파악했던 헤겔과는 반대로 고전정치경제학자들은 인간사회에 현재 존재하고
있는 소외의 조건을 인간사회의 '본질적, 원초적, 최종적인 형태' 로 간주한다고.
그 결과 이들은 자본주의 경제질서가 필연적이기는 하지만 일시적인 발전국면이
라는 점을 간과하는 오류를 범했다고 맑스는 지적한다.

고전정치경제학자들이 저지른 오류는 다름 아닌 인간의 소외된 상태를 인
식하지 못한 데 있었고, 그래서 이제 맑스는 자본주의 경제질서에서 나타나는 인

간의 소외를 논의한다. 사실 인간소외에 대한 맑스의 분석은 앞에서 간단히 언급했던 바와 같이 포이어바흐의 헤겔 비판과 같은 절차 속에서 이루어졌다. 포이어바흐는 헤겔 철학이 지녔던 신비화된 형태를 극복하고 신 혹은 절대정신의 본질을 인간의 본질로 보았다. 그가 보기에 인간소외의 극복은 인간이 원래 지녔던 본질을 종교로부터 다시 가져오는 것이었다. 사실 포이어바흐는 인간이 어떤 의미에서 하나의 통일체라는 생각을 지니고 있었다. 그리고 인간과 동물 사이의 본질적인 차이점은 인간이라는 종(species)을 의식할 수 있는 인간의 능력에 있다. 인간은 자신을 개인으로 이해할 수 있는 종으로서 자신의 존재를 의식한다. 또한 인간이 자신을 종으로 이해하기 때문에 인간의 이성과 능력은 무제한이다.

이제 맑스는 포이어바흐의 종교 비판을 수용하면서, 그가 제시한 종으로서의 인간 개념에 더욱더 큰 구체성을 부여한다. 맑스에게 인간 역사의 출발점은 어떤 기초적인 욕구를 충족시키고자 하는 살아있는 인간이다. 즉 "일차적인 역사적 사실은 이러한 욕구들을 만족시키기 위한 수단을 만드는 데 있다"는 것이다. 하지만 이 만족은 새로운 욕구를 불러일으킨다. 인간의 행위는 근본적으로 자연과의 투쟁이며, 자신의 욕구를 만족시키는 수단을 제공해야 한다. 즉 그것은 먹을 것, 마실 것, 입을 것을 획득하고 인간의 힘과 지적, 예술적 능력을 개발하는 것이다.

이런 일을 수행하는 과정에서 인간은 노동을 통해 자신을 인간화하는 생산적 존재로서의 자신을 발견한다. 여기서 '생산한다'는 개념이 등장한다. 덧붙여 말하면, 생산적인 삶은 종의 삶이며, 인간이 스스로를 종이라는 존재로 보게 되는 것은 '활동 속에서', 즉 '생산 속에서' 다. 맑스에 따르면 동물들은 자신의 직접적인 욕구를 만족시키기 위해서만 생산한다. 반면에 인간은 어떤 직접적인 욕구에서 벗어나 보편적 기준에 따라 생산할 수 있다. 예를 들면 미의 기준에 따라 생산할 수도 있다. '생산한다' 고 말할 때 그 말에는 자연에 인간이 가하는 행위, 즉 '노동' 이 필수적으로 전제된다.

그리하여 '자유로운 생산적 활동' 이라는 의미에서 '노동' 은 인간생활의 본질을 구성한다. 노동은 하나의 물질적 대상을 창출하며, 그 대상은 곧 '종으로서의 인간의 삶의 구체화' 를 의미한다. 하지만 인간생활의 본질을 구성하며 자유롭고 창조적인 행위인 '노동' 은 특정한 경제체제에서는 그 의미를 상실하게 된다. 원래 인간은 자신의 노동을 통해 만든 대상물을 자신의 의지대로 처분할 수 있었다. 그러나 특정한 경제체제에서는 노동자가 자신이 생산한 대상에 대해 그 어떤 통제력도 가질 수 없게 되며, 오히려 그 대상과 적대적인 관계로 대면하게 된다. 즉 노동자는 본질적인 인간으로서의 자신으로부터 소외된다. 이는 곧 창조적 행위인 노동이 소외된 노동으로 전환한다는 말이다. 덧붙이자면, 인간이 동물과 구별되는 이유는 인간이 어떤 것을 자유롭게 창조하는 능력을 지니고 있다는 데 있다. 그리하여 노동자가 자기표현의 행위를 할 때, 즉 세계를 변형시키고 개별성을 통해 표현되는 창조물을 탄생시킬 때 그의 노동은 가장 인간적인 것이 된다.

소외된 노동의 사회적 결과는 무엇일까? 그것은 인간들이 서로에게서 소외되는 것이다. 이러한 소외는 의식의 소외를 초래하고, 이는 곧 종으로서의 인간의 소외를 뜻한다. 이러한 상황에서는 생산활동이 '타인의 지배, 강제, 그리고 멍에 밑에서의 활동', 즉 자유를 상실한 활동에 불과하게 된다. 사랑과 신뢰를 대신하여 지배적인 인간행위로서 매매와 거래가 들어선다. 인간은 타인을 자신의 이기적 이익을 추구하는 도구로 보면서 서로를 같은 종이라고 의식하지 않고 적대적으로 의식한다. 맑스가 경제학에 대한 연구, 나아가 자본주의 일반에 대한 비판을 시도한 가장 근본적인 이유는 인간의 본질을 회복하는 데 있었다. 이제 그의 출발점은 분명해진다. 그의 출발점은 마음이나 의식이 아니라 '경제적 생활', 곧 현실적인 삶의 토대다. 그래서 그는 역사에 대한 유물주의적 해석에서 말하지 않았던가! "의식이 생활을 규정하는 것이 아니라 생활이 의식을 규정한다."

그렇다면 이제 무엇을 해야 한단 말인가?

노동자는 자신의 노동력을 팔아야 생활할 수 있다. 물론 노동자가 자신의 노동력을 자유롭게 처분할 수 있다는 점에서 노동자는 자유를 가지고 있다고 말할 수도 있을 것이다. 그러나 토대 없는 삶이 과연 어떤 의미를 지닐 수 있을 것인가! 인간소외의 극복 및 해방으로 가는 길은 어디에 있는가?

맑스는 노동자의 임금만 상승시킨다고 해서 노동자의 소외, 나아가 인간의 소외가 극복되고 해방이 찾아온다는 생각을 단호히 거부한다. 임금노동 그 자체가 이미 자유로운 생산활동이 아니다. 그것은 단지 목적을 위한 하나의 수단에

푸르동

불과하다. 맑스가 보기에는 설령 노동자들이 더 높은 임금을 받는다고 하더라도 그것은 더 나은 노예임금일 뿐이다. 그렇게 해서만은 '사물의 근원'을 이해하고 변화시키지 못한다. 맑스는 프랑스의 사회주의자인 프루동이 제안한 동등한 임금조차도 개별적인 자본가들을 하나의 총체적인 자본주의 사회 그 자체로 교체하는 것에 지나지 않을 것이라는 입장을 피력했다. 해결책은 임금, 소외된 노동, 사적 소유를 폐지하는 것, 즉 공산주의 사회를 건설하는 것이다. 그래서 맑스는 《경제―철학 수고》에서 공산주의에 관해 이렇게 설명하고 있다.

"공산주의는 인간과 자연 사이에, 그리고 인간과 인간 사이에 존재하는 적대에 대한 진정한 해결책이다. 공산주의는 존재와 본질, 대상화와 자기확증, 자유와 필연성, 개인과 종 사이에 존재하는 갈등에 대한 진정한 해결책이다. 공산주의는 풀려진 역사의 수수께끼이며, 그 자체를 해결로 알고 있다."

맑스에 따르면, 사적 소유가 인간이 지닌 모든 감각들을 타락시켰다. 이는 인간소외의 원천이 사적 소유에 있다는 말이다. 사적 소유는 인간의 창조물이긴 하지만 인간을 지배하고 노예화한다. 인간은 자유롭지 않다. 사적 소유 아래에서는 인간이 자신이 지닌 능력을 발전시키고 욕구들을 만족시키기 위한 방식으로 세계를 조직할 수 없기 때문이다. 그런 까닭에 사회의 구성이 사적 소유로 이루어질 때 인간의 소외는 항상 존재하게 되며, 인간해방은 결코 달성할 수 없는 하나의 '공상'이 된다. 따라서 사적 소유의 폐지야말로 소외된 삶으로부터 인간의 감각을 해방시킬 것이다.

맑스의 초기 사상에서 목표가 정해졌다. 세계사의 목적은 인간의 진정한 자유를 실현하는 데 있다. 급진적[48] 혹은 혁명적 이론의 당면한 과제는 현재의 상황이 해방을 위한 '변증법적' 진보 과정 중에서 어떠한 국면에 놓여 있는지를 파악하는 것이다. 그런 다음에 현재의 국면을 종식시키고 자유의 새 시대로 사람들을 인도할 운동을 조성하는 것이 가능하게 될 것이다.

맑스는 인간해방이라는 역사적 과제가 그렇게 쉽게 달성될 수 있으리라고는 결코 생각하지 않았다. 그가 《경제―철학 수고》에서 독자들에게 전하고자 했던 메시지는 적어도 자본주의 경제형태 속에 존재하는 인간소외 및 인간해방의 문제에 대한 답변을 찾는 노력은 구체적이고 현실적인 삶에 대한 인식에서 출발해야 한다는 점이다. 그래서 그는 이 구체적이고 현실적인 삶을 비판하는 방법이자 무기로 헤겔 철학과 포이어바흐의 종교 비판을 이용했던 것이다. 인간해방이 실현될 수 있는지, 아니면 공상에 불과한지를 여기서 언급하는 것은 적절하지 않다. 우리는 예언자가 아니며, 여기서 중요한 것은 맑스 사상에 대한 기본적인 이해이기 때문이다. 인간해방의 문제는 인간의 '실천'과 깊은 연관을 맺고 있다. 따라서 우리는 '실천'이 맑스의 사상에서 어떻게 이루어질 수 있는지에 관해 검

---

48 맑스는 '급진적(radikal)'이라는 용어를 '사물의 근원을 이해한다'는 의미로 사용했다.

토할 것이다. 맑스는 이른바 '타자에 의한 자아의 규정' 에 대해 누구보다도 철저한 비판을 가하고 있다. 이와 관련해 지금부터는 역사에 대한 유물주의적 개념의 관점에서 '소외' 에 관해 더 자세하게 검토하기로 한다.

소외와 역사적 유물주의[49]

맑스가 처음 출간한 책은 1844년 9월부터 1846년 2월까지 작성한 《신성가족(Die heilige Familie)》이다. 이 책은 엥겔스와 공동 집필한 책으로, 맑스의 선생인 바우어가 편집인으로 활동했던 〈총문헌신문(Allgemeine Literatur Zeitung)〉에서 출판한 글들을 비판하고 있다. 《신성가족》은 맑스의 관심이 역사에 대한 유물주의적 개념으로 넘어가는 이행과정 중에 씌어졌다. 맑스는 이 책의 4장 4절[50]에서 프랑스의 사회주의자인 프루동에 관해 언급하고 있다.

그는 먼저 "국민경제의 모든 발전은 사적 소유를 그 전제로 한다"면서 사적 소유와 관련하여 소외에 관해 진술하고 있다.

....

49 '변증법적 유물론(dialectical materialism)'은 러시아의 이론가인 게오르기 플레하노프(Georgi Plekhanov, 1856~1918)가 만든 용어다.
50 장과 절의 표시는 MEW(맑스/엥겔스전집) 제2권에 따른 것임.

"프롤레타리아와 재산은 대립물이다. 이것들은 그러한 것으로서 하나의 전체를 이룬다. 이것들은 사적 소유의 세계가 가지는 두 개의 형상이다. 이 두 대립물이 대립 속에서 취하는 특정한 위상이 문제다. 이것들을 하나의 전체가 지니는 두 가지 측면으로 설명하는 것으로는 충분하지 않다. (……) 소유계급과 프롤레타리아 계급[51]은 동일한 인간적인 자기소외를 표현한다. 그러나 전자(소유계급-저자 주)는 이 자기소외 속에서 행복감을 느끼고, 이 소외가 자신들의 힘이라는 것을 입증하고 있다. 그리고 이 계급은 이 자기소외 안에서 인간존재의 외관을 소유한다. 후자(프롤레타리아 계급-저자 주)는 소외 속에서 파괴감을 느끼고, 소외 속에서 무력함과 비인간적 존재의 실상을 본다."

이 인용문에서 볼 수 있는 것처럼 자본주의 사회에서 프롤레타리아만이 소외된 것이 아니다. 부르주아 계급 역시 소외되어 있다. 그러나 한쪽은 불행을, 다른 한쪽을 행복을 느끼면서 소외되어 있다는 외관상의 차이가 존재한다. 이제 이 외관상의 차이로 인해 적대감이 형성된다. 유산자, 즉 소유계급과 무산자, 즉 프롤레타리아트 계급의 대립이 또 하나의 운동을 시작한다. 헤겔 철학에서 정신의

---

51 맑스는 부르주아를 사회적 생산수단을 소유하고 임금노동을 이용하는 자본가 계급으로, 프롤레타리아를 자신의 생산수단을 소유하지 못하고 생활을 위해 자신의 노동력을 팔아야 하는 임금노동자 계급으로 정의하고 있다. 물론 오늘날 자본주의 사회의 다양한 계급이라는 차원에서 볼 때 이런 범주를 일방적으로 적용하기에는 무리가 있는 듯하다.

운동이 절대정신이 구현될 때까지 계속 진행되는 것과 같이, 맑스에 있어서도 역사의 운동은 이 대립물들의 투쟁 속에서 계속적으로 일어난다. 이 대립물들의 기반은 무엇인가? 그것은 곧 사유재산이다. 이제 사유재산에 대한 '반테제'로서 프롤레타리아가 등장한다. 사유재산과 프롤레타리아는 헤겔적 모순의 두 가지 측면이다. 역사는 이 모순의 지양을 향해 나아가고자 하는 자세를 취한다.

맑스는 대립물들 사이에 존재하는 모순의 지양을 그 자신이 "나의 연구들을 위한 지도적 요소"라고 불렀던 '역사에 대한 유물주의적 해석'[52]을 통해 설명한다. 그는 1844년과 1845년경에 유물주의적 세계관으로의 결정적인 전환 및 발전을 이뤘으며,[53] 이러한 그의 유물주의적 해석은 《경제—철학 수고》에서 잘 드러난다.

"그러나 사적 소유는 경제적 운동 속에서 스스로 해체된다. 하지만 이 해체는 오로지 자신과는 무관하고, 자신도 모르는 사이에 자신의 의지와는 반대로 일어나며, 사물의 본성을 통해 이루어지는 발전이다. 이러한 과정 속에서 프롤레타리아는 프롤레타리아 계급으로 생산된다."

....

52 헤겔은 역사의 발전을 '마음' 혹은 '정신'의 발전이라는 관점에서 설명하고 있는 반면, 맑스는 '물질'의 발전이라는 관점에서 역사의 발전을 설명하고 있다. 덧붙이자면, 맑스는 '생산관계'와 '생산력'을 포함하는 '생산양식'의 개념을 내세워 역사의 발전을 설명한다. 간단히 말해, 헤겔은 정신의 발전을 역사발전의 원동력으로, 맑스는 생산력의 발전을 역사발전의 원동력으로 이해하고 있다.
53 유물론자로서의 맑스의 최종적인 이행의 문서는 11개의 테제로 구성되어 있는 1845년 초에 작성된 《포이어바흐에 관한 테제》다.

그리하여,

"이런저런 프롤레타리아 또는 전체 프롤레타리아 계급이 그러는 사이에 그 자신을 소개하는 것이 관건이 아니다. 프롤레타리아 계급이 어떠한 것이고, 역사가 이 존재에 강요하는 것이 무엇인지가 관건이다. 프롤레타리아의 목적과 역사적인 행동은 오늘날의 부르주아 사회의 모든 조직에서와 마찬가지로 프롤레타리아 자신의 생활환경 속에서 명백하고 최종적으로 지시되었다."

이 인용문에서 보는 바와 같이 맑스가 기술하고 있는 변증법적 운동의 토대는 사적 재산의 존재에서 발원하는 경제적인 명령이다. 이 운동은 사람들의 희망과 계획에 의존하는 것이 아니다. 그것은 인간의 의지와는 무관하게 무의식적으로 진행되는 과정이다. 그 과정이 진행되는 가운데 프롤레타리아는 자신의 비참함을 의식하게 되고, 나아가 자본주의 사회를 전복하고자 시도한다. 그런데 자본주의 사회를 전복하려는 프롤레타리아의 의지는 무의식중에 생겨나는 게 아니다. 이 의지는 프롤레타리아가 사회에서 자신이 처한 상황을 인식하게 되면서 생겨나는 것이다.

운동은 어떤 관념 속에서 자연발생적으로 일어나는 게 아니라 특정한 조건, 즉 물질적 조건으로 인해 생겨난다. 개별적인 무산자는 특정한 물적 토대를 바탕으로 사회적 존재자로서의 자신을 자각하게 된다. 물질적 조건에 대한 분명하고 과학적인 인식이 선행되지 않는다면 이른바 사회적 존재자로서의 노동자는 없을 것이고, 나아가 노동자 계급 및 계급의식은 발생하지 않는다. 실천에 있어 중요한 사실 중의 하나는 사회적 존재자로서의 자신에 대한 인식이며, 이것이야말로 정치적 실천을 이끌어내는 데 상당히 중요한 역할을 수행한다. 개별적이고 분리된 자아가 어떻게 하나의 실천을 해낼 수 있겠는가! 물론 관념론자들에게는 이것이 가능할지도 모른다. 하지만 맑스가 볼 때 그것은 하나의 충동에 불과할 뿐이다. 이런 그의 생각은 곧 역사에 대한 유물주의적 개념으로 발전하고《독일 이데올로기》[54]에서 정식화되어 하나의 명제로 등장한다. 즉 "의식이 생활을 규정하는 것이 아니라 생활이 의식을 규정한다"는 명제로.

여기서 한 가지 사실에 대해 잠깐 언급하자. 역사에 대한 유물주의적 해석과 관련하여 엥겔스는 "새로운 세계관의 빛나는 맹아로 볼 수 있는 첫 번째 문서는 《신성가족》이 아니라 《포이어바흐에 관한 테제》[55]였다"고 평가한다. 맑스는 11개의 항목으로 짧게 구성된 이 글에서 자신의 유물주의와 포이어바흐의 유물주의를 구별하고 있다. 맑스는 《포이어바흐에 관한 테제》에서 포이어바흐와 초기

---

54 이 글은 1845년에서 1846년 사이에 작성되었다. 맑스와 엥겔스는 이 글에서 역사에 대한 자신들의 유물주의적 개념을 체계화하고 있다. 맑스는 우선 사회를 두 개의 구조로 분리한다. 그 하나의 구조는 하부구조인 '경제'이며, 또 다른 하나의 구조는 상부구조로서 정치, 법률, 종교, 문화, 이데올로기 등을 포함한다. 그런 다음 맑스는 하부구조의 발전에 상응하게끔 상부구조가 발전한다고 주장했다. 이 말의 의미는 하부구조의 발전이 상부구조의 발전을 규정한다는 것이다. 맑스를 경제결정론자로서 해석하는 것에 관한 자세한 논의는 이 글에서 생략하기로 한다. 단 한 가지 사실만은 언급해 두기로 하자. 필자는 맑스를 경제결정론자로 보지 않는다는 점이 그것이다.
55 엥겔스는 이 짤막한 경구적인 글을 1888년에 출간했다.

의 유물주의자들이 대상들과 대상들의 인식에 대해 수동적인 견해를 취하고 있다는 이유를 들어 이들을 비판했다. 즉 포이어바흐는 세계혁명에 의미를 두지도 않았고, 종교를 완전하게 제거하고자 추구하지도 않았다. 그는 단지 종교에 대한 기본적인 비판만을 행했을 뿐이다. 그럼에도 불구하고 그는 종교가 인간적인 욕구인 까닭에 사회 속에서 종교를 인정했던 것이다. 또한 포이어바흐는 비역사적이고 계급과는 무관한 인간에 관해 언급하고 있으며, 이를 바탕으로 인간주의적 유물주의를 확립했다.

엥겔스가 이 글에 대해 위와 같은 평가 내지는 경의를 표하고 있기는 하지만, 사실상 이 글은 이전에 맑스가 생각하고 있었던 점들을 요약한 것이라고 보는 게 적절하다. 헤겔과 피히테와 같은 관념주의자들은 인간의 활동은 인간이 세계를 보는 방식을 형성한다고 역설했다. 덧붙여 말하면, 이 관념주의자들이 말한 인간의 활동은 정신적 활동이다. 맑스는 관념주의 사고의 적극적이고 변증법적인 면과 포이어바흐의 유물주의를 결합하고자 했다. 이는 곧 토대(하부구조)인 물질과 인간의 의지의 변증법적 결합을 의미하는 것으로 '변증법적 유물주의'[56]로 칭해졌다. 이러한 맥락에서 실천(praxis)은 《포이어바흐에 관한 테제》의 중심적인 개념이다.

이에 대해 간단히 설명해보자. 맑스에 따르면 실천은 인간의 구체화

---

[56] 맑스는 이 표현을 결코 사용한 적이 없었다.

(Vergegenständlichung)다. 맑스는 존재(Sein)와 실천을 결합시켰다. 《포이어바흐에 관한 테제》에서 '존재'와 '실천'은 동일한 것이다. '실천'은 '실천적인 존재'를 의미하며, 인간의 존재는 "의식"과는 대조되는 것으로 '실천'을 의미한다. 구체적으로 말해, '실천'은 '생산과정에 있는 노동'이다. 그래서 맑스는 《포이어바흐에 관한 테제》의 제1항에서 이렇게 비판한다. "모든 지금까지의 유물주의 (포이어바흐의 유물주의도 포함하여)의 주요한 결점은 대상, 현실, 감각 등이 단지 대상 혹은 관조(Anschauung)의 형태하에서 이해되었다. 다시 말해 이것들이 감각적인 인간활동인 실천으로, 또는 주관적으로 이해되지 않았다."

그렇다면 유물주의가 지니는 적극적 혹은 활동적 측면은 무엇을 의미하는가? 맑스에 따르면 이는 곧 '실천적'인 인간활동을 의미한다. 그는 이 실천적 활동이 이론적인 문제들을 해결하기 위해 필요하다고 생각했다. 바우어가 유대인의 문제를 종교적 의식 속에 존재하는 하나의 문제로 보았던 것과 달리 맑스는 《유대인 문제에 대해》에서 유대인의 문제는 거래를 폐지하기 위해 사회를 인식함으로써 폐지될 것이라고 하지 않았던가! 또한 《헤겔 법철학 비판: 서문》에서 그는 "철학은 프롤레타리아의 물질적 무기를 가지지 않고서는 실현될 수 없다"고 하지 않았던가! 그리고 《경제─철학 수고》에서 그는 공산주의를 '풀려진 역사의 수수께끼'로 규정하지 않았던가! 역사의 수수께끼는 곧 하나의 이론적인 문제, 즉 철학적 수수께끼인 것이다. 헤겔 철학이 안고 있는 모순은 인간조건 속에 존재하는 모순이며, 이 모순은 공산주의를 통해 지양된다.

그렇다면 이러한 지양을 위해 무엇이 필요한가? 그것은 곧 실천적인 인간 활동이다. 그래서 맑스는 실천적 활동이 이론적 문제들을 해결하기 위해 필요하다고 생각했던 것이다. 물질적 조건 혹은 토대는 인간의 실천을 이끌어내기 위한 하나의 필요조건에 불과할 뿐이며, 인간의 실천적 의지와 토대가 상호 결합할 때 비로소 하나의 새로운 사회로의 이행이 일어날 수 있다. 다시 말해 새로운 사회로의 이행을 위해서는 이론과 실천의 통일이 절대적으로 필요하다는 말이다. 이러한 맥락에서 《포이어바흐에 관한 테제》는 역사적 유물주의에 입각한 이론과 실천의 통일에 관한 주요한 저작이다. 나아가 이론과 실천의 통일은 실천적 행동에 의해 이론적 문제들을 해결하는 것이다. 포이어바흐가 헤겔의 관념주의를 극복한 철학자였다면, 맑스는 이론과 실천의 결합을 이루어낸 사상가였다.

《포이어바흐에 관한 테제》의 11번째 항에서 유물주의는 그 궁극적 의미를 향해 나아간다. 맑스는 이렇게 말한다.

"철학자는 세계를 단지 다양한 방식으로 해석했다. 이제 관건은 세계를 변화시키는 것이다."

역사에 대한 유물주의적 개념은 사상보다는 실천적 인간활동이 결정적인 역할을 수행하는 세계사에 대한 이론이다. 그리고 이 이론에 대한 가장 상세한 진술은 《독일 이데올로기》다. 맑스는 이 글을 "우리가(맑스와 엥겔스-필자 주)

과거에 가졌던 철학적 사고를 청산하기 위해" 작성했다고 했다. 맑스와 엥겔스는 '포이어바흐'라는 절에서 '유물주의적 관점과 관념주의적 관점의 대립'이라는 주제로 자신들이 지닌 세계사에 대한 새로운 견해를 진술하고 있다.

"모든 인류역사의 첫 번째 조건은 물론 살아있는 인간 개인들의 존재다. 그래서 첫 번째로 확립되어야 할 점은 이러한 개인들의 신체조직과 이로 인해 발생하는 그 외의 자연에 대한 그들의 관계다. 모든 역사기술은 이러한 자연적 토대 및 역사과정에서 일어나는 인간의 행동을 통한 이 토대들의 변형으로부터 출발해야 한다. 인간은 의식이나 종교 또는 자신이 원하는 것을 통해 동물과 구별된다. 인간이 동물과 구별되기 시작한 것은 그들이 생활필수품들을 생산하기 시작하면서부터다. 이것은 인간이 자신의 육체를 통해 이룬 하나의 진보다. 생활필수품을 생산하면서 인간은 간접적으로 그들의 물질적 삶 자체를 생산해낸다. (……) 그러니까 개인은 생산의 물질적 조건들에 의존한다. (……)

사실은 이렇다. 즉 특정한 방식으로 생산적으로 활동하는 특정한 개인들은 특정한 사회적 정치적 관계들 속으로 들어간다. (……)

사회적 구조와 국가는 끊임없이 특정한 개인의 생활과정에서 발생한다. 그러나 이 개인들은 그들 자신이나 낯선 생각 속에서 나타나는 개인이 아니라 현실에서 존재하는 바와 같이 물질적으로 생산하는 개인, 즉 특정한 물질적인 범위에서, 따라서 그들의 의지와는 상관이 없는 한계, 전제 및 조건 아래에서 활동하고 있는 개인들이다.

하늘에서 땅으로 내려오는 독일 철학과는 정반대로 여기에서는 땅에서 하늘로 올라간다. 즉 인간이 말하고, 상상하고, 생각한 것으로부터, 혹은 진술되고, 생각하고, 상상하고 관념화된 인간에서 출발하여 육체를 가진 인간에 도달하게 되는 것이 아니다. 우리는 현실에서 활동하고 있는 인간에서부터 출발하여, 그 인간의 실제 삶의 과정에서 출발하여 그 삶의 과정의 이데올로기적 반영과 반향들을 설명한다. 인간의 두뇌 속에서 만들어지는 환상들 또한 경험적으로 확립할 수 있으며, 물질적 전제들과 연결된 삶의 과정의 필연적인 승화물인 것이다. 따라서 도덕, 종교, 형이상학, 그리고 그 밖의 이데올로기와 이것들에 상응하는 의식 형태들은 더 이상 자립의 모습을 가지지 못한다. 이것들은 그 어떤 역사도 가지고 있지 않고, 그 어떤 발전도 없다. 물질적 생산과 물질적 교류를 발전시키는 인간만이 자신들의 현실과 함께 자신들의 사고와 그 사고의 생산물들을 변화시킨다. 의식이 생활을 규정하는 것이 아니라 생활이 의식을 규정한다. 우리는 첫 번째 고찰방식에서 살아 움직이는 개인으로서의 의식에서 출발하며, 두 번째 고찰방식에서 현실적인 삶이 현실적이며 활동하는 개인 그 자체와 일치하는 개인에서 출발하여 의식을 단지 그러한 개인의 의식으로서만 고찰한다."

이처럼 맑스의 출발점은 항상 그리고 변함없이 살아 움직이는 생산하는 개인인 것이다. 개인은 어떤 것을 창조하는 생산자이며, 생산자로서의 개인이 사회의 다른 부분들을 규정한다. 예를 들어 맑스에게 있어 '인간은 악하다' 혹은 '인간은 선하다' 라는 전제는 그 어떤 의미도 지닐 수 없는 한갓 공허한 메아리에 불과하다. 그의 말대로 "사변이 끝나는 곳, 그리하여 실제 생활이 시작되는 곳에서 비로소 인간의 실제 활동 및 실제적인 발전과정" 에 대한 서술 및 분석이 시작된다. 인간은 자신의 존재에 대한 물질적 혹은 객관적 인식을 하지 않고서는 자신의 삶에 대한 진정한 인식 및 실천을 할 수 없다. 물론 인간이 자신의 삶의 토대에 대해 객관적인 인식이 있다 할지라도 이것이 곧 바로 실천이라는 영역으로 옮겨지는 것은 아니다.

《독일 이데올로기》와 함께 맑스는 역사적 유물론[57]을 정립했다. 인간의 소외를 극복하는 하나의 방식으로 우선은 역사적 유물론에 관한 이해가 선행되어야 하고, 이를 토대로 인간의 소외 극복 및 인간해방이 달성된다고 할 수 있겠다. 토대에 대한 객관적이고 과학적인 이해가 없을 경우 인간의 실천은 일어나지 않으며, 인간의 실천이 없다면 인간의 소외 극복 및 해방은 영원히 이룰 수 없는 과제로 남는다. 인간소외는 하나의 철학적 과제를 넘어선 지평에 존재하며, 소외를

---

57 맑스 자신은 '역사적 유물론(historical materialism)' 이라는 단어를 사용하지 않았다. 정확하게 표현하면, 그는 '역사에 대한 유물론적 개념 혹은 이해' 라는 단어를 사용했다. 그리고 'historical materialism' 을 역사적 유물론으로 흔히들 번역하고 있는데, 필자는 'materialism' 을 유물주의로 번역한다. 'ism' 으로 끝나는 다른 모든 정치이데올로기들이 '주의' 로 번역되고 있기 때문이다.

극복하기 위해서는 과학적인 접근이 필요하다. 이 때문에 맑스는《독일 이데올로기》에서 이런 과학적인 접근을 수행했던 것이다.

《독일 이데올로기》는 사회권력을 단지 개인들의 생산력인 어떤 것으로 기술하고 있다. 또한 개인들은 이 권력에서 소외된 상태로 존재한다. 맑스에 따르면 사적 소유의 폐지와 공산주의 체제 아래에서의 생산조정은 '인간과 인간의 생산물들 사이의 소외'를 없애준다.

"우리는 현재의 상황을 지양하는 현실적인 운동을 공산주의라고 부른다. 이 운동의 조건들은 현재 존재하는 조건들로부터 발생한다."

맑스의 유물론적 역사해석에서 중요한 점은 그의 역사이론이 소외단계에 있는 인간에 대한 통찰이라는 것이다. 만약 사상, 이념, 인간본성을 결정하는 힘에 종속된다면 인간은 자유로울 수 없다. 그리하여 역사에 대한 유물주의적 개념이 우리에게 전달하고자 했던 메시지는 인간은 자기가 이해하지 못하고 통제할 수 없는 힘들에 종속되어 있다는 것이다. 게다가 역사에 대한 유물주의적 해석은 이 힘들이 초자연적인 압제자가 아니라 인간 스스로가 일구어낸 생산력이라는 점을 인식시켜주고 있다. 인간이 만들어낸 생산력이 인간에게 봉사하는 것이 아니라 소외되고 적대적인 힘으로 인간을 종속한다는 것이다. 이 적대적인 힘이 출현한 결과 사회에는 다음과 같은 사회권력 구조가 형성된다.

"모든 시대에서 지배적인 사상은 곧 지배계급의 사상이다. 즉 사회의 물질적 힘을 지배하는 계급은 동시에 사회의 정신적인 힘도 지배한다. 물질적 생산수단을 지배하고 있는 계급이 결국 정신적 생산수단도 통제하며, 정신적 생산수단을 가지지 못한 사람들의 사상은 평균적으로 그 지배적인 사상에 예속된다. 지배적인 사상은 지배적인 물질적 관계의 관념적인 표현, 즉 사상으로서 이해된 지배적인 물질적 관계일 뿐이며, 어느 한 계급을 지배계급으로 만들어주는 관계들의 표현이며, 그 지배의 사상일 뿐이다."

지배계급을 구성하는 개인들은 무엇보다도 의식을 지니고 있으며 생각할 줄 안다. 따라서 그들이 하나의 계급으로서 지배하고 한 역사시대의 범위와 한계를 결정하는 한 당연히 그들은 모든 영역에 걸쳐 그 지배를 행할 것이며, 무엇보다도 사고하는 사람으로서, 사상의 생산자로서 지배하고, 나아가 그 시대의 사상의 생산과 분배를 통제할 것이다. 그러니까 그들의 사상이 그 시대의 지배적인 사상인 것은 자명한 일이다.

물론 자본주의 사회에서 이 힘은 자본이다. 동시에 자본은 하나의 '물'에 불과한 것이 아니라 인간을 지배하고 통제하는 하나의 사회적 관계망 내지는 의사소통망을 형성한다. 이 사회적 관계망은 다름 아닌 소외의 망이며, 이 소외 망에 대한 설명이 곧 역사에 대한 유물주의적 해석이다.

그렇다면 역사의 목적은 앞에서도 언급한 바와 같이 분명해진다. 그러나 역사의 목적이 분명해지더라도 구체적인 실천을 이끌어내기 위해서는 더 과학적인 접근이 필요하다. 이 과학적인 접근은 자본주의 사회의 '내재적' 논리, 즉 '자본의 논리'에 대한 천착을 통해 이루어져야 한다.

이제 맑스는 자본주의 경제체제에 대한 구체적인 분석을 시도한다. 자본주의 경제체제에 대한 그의 비판적 성찰은 자본, 지대, 임금, 국가, 대외무역, 세계시장의 순으로 진행된다.[58]

---

58 맑스의 정치경제학 비판 혹은 자본주의 체제 비판은 자본, 지대, 임금까지 진행되었다. 그의 죽음으로 인해 국가, 대외무역 및 세계시장에 대한 분석은 이루어질 수 없었다.

정치경제학 비판 1

사회는 어떠한 방식으로 구성되는가_ '생산력' 과 '생산관계'

엥겔스는 역사에 대한 유물주의적 개념을 다윈의 발견과 견줄 수 있는 '인간역사의 발전법칙' 에 대한 과학적인 발견이라고 평가했다. 그는 역사에 대한 유물주의적 해석과 관련하여 1880년 1월에서 3월 중순까지 작성한 《공상에서 과학으로의 사회주의 발전(Die Entwicklung des Sozialismus von der Utopie zur Wissenschaft)》에서 이렇게 진술하고 있다.

> "역사에 대한 유물주의적 견해는 생산과 그에 이어지는 생산물들의 교환이 모든 사회질서의 토대라는 점, 그리고 역사적으로 등장한 모든 사회에서 생산물들의 분배 및 계급 혹은 신분으로의 사회적 분할은 무엇이 생산되고 어떻게 생산되며 생산물이 어떻게 교환되는가 하는 명제에서 출발한다. 이에

따라 모든 사회적 변화와 정치적 변혁의 궁극적 원인은 인간의 머릿속에서
가 아니라, 즉 영원한 진리나 정의에 대한 인간의 증대하는 통찰 속에서가
아니라 생산양식과 교환양식의 변화 속에서 찾아야 한다. 사회적 변화와 정
치적 변혁의 궁극적 변혁은 철학에서가 아니라 그 시대의 경제에서 찾아야
한다.”

맑스는 역사에 대한 유물주의적 개념을 1859년에 작성된《정치경제학 비판
을 위하여(Zur Kritik der Politischen Ökonomie)》[59]의 서문에서 다음과 같이 확립
하고 있다.

“인간생활의 사회적 생산에서 인간은 특정하고 필연적이며 스스로의 의지
와는 무관한 관계들로 들어간다. 이것은 생산관계들로서 인간의 물질적인
생산력에 상응한다. 이러한 생산관계들의 총체성이 진정한 토대인 사회의
경제적 구조를 형성한다. 이러한 바탕 위에서 법률적, 정치적 상부구조가 일
어나며, 특정한 사회적 의식형태도 이에 상응한다. 물질적 생활의 생산양식
은 사회적, 정치적 그리고 정신적인 생활과정 일반을 결정한다. 인간의 존재
를 규정하는 것은 인간의 의식이 아니다. 역으로 인간의 의식을 규정하는 것

---

59 이 글은 1858년 8월에서 1859년 1월까지 작성되었고, 1859년에 발간됐다.

이 인간의 사회적 존재다. 물질적 생산력 발전의 일정한 단계에서 사회의 물질적 생산력은 이미 존재하는 생산관계와 모순에 빠지거나 소유관계의 법적 표현인 것과 모순에 빠진다. (……) 생산력의 발전형태들에서 이 관계들은 멍에로 변한다. 그럴 경우 사회혁명의 시기가 도래한다. 경제적인 토대의 변화와 함께 모든 거대한 상부구조가 더 천천히 혹은 더 빨리 전복된다. 이런 전복을 고찰할 때 우리는 언제나 물질적이고 자연과학적으로 충실하게 확립할 수 있는 경제적 생산조건들에서의 변혁과 인간의 갈등을 의식하게 되고, 이 갈등과 싸우게 되는 법률적, 정치적, 종교적, 예술적, 혹은 철학적, 간단히 말해 이데올로기적 형태들(이 형태들을 띠면서 인간은 갈등을 의식하게 되고 그 갈등과 싸우게 된다)을 구분해야 한다. (……)

어떤 사회구성체는 모든 생산력이 충분하게 발전되기 전에는 결코 몰락하지 않는다. 그리고 더 높은 새로운 생산관계들은 물질적 존재조건들이 낡은 사회 자체의 품속에서 부화되기 전에는 결코 등장하지 않는다.[60] (……)

자본주의적 생산관계는 사회적 생산과정의 마지막 적대적인 형태다. 이 관계는 개인적인 적대감의 의미에서가 아니라 개인들의 사회적 생활조건에서

---

60 엥겔스는 생산력과 생산양식간의 갈등을 "예를 들어 인간의 원죄와 신의 정의 사이의 갈등과 같이 인간의 머릿속에서 발생한 것이 아니라 객관적으로, 우리의 외부에서, 이 갈등을 야기한 어떤 사람들 자신의 의지와 진행과는 무관하게 존재하는 사실 속에서" 찾고 있다. 그리하여 엥겔스에 따르면, 이러한 갈등을 극복하기 위해 등장하는 사회주의는 "이러한 객관적인 갈등이 사유에 반영된" 결과라는 점을 지적하고 있다. 덧붙이자면 이 갈등은 이로 인해 직접적으로 고통을 당하고 있는 계급인 노동자 계급의 머릿속에 침투하게 된다. 이는 곧 사회주의를 실천적으로 담지할 수 있는 계급이 노동자 계급임을 암시한다.

성장하는 적대감의 의미에서 적대적이다. 그러나 자본주의 사회의 품속에서 발전하는 생산력은 동시에 물질적 조건들을 만들어내며, 그리하여 인간 사회의 전사를 종결짓는다.”

이 인용문은 역사에 대한 맑스의 유물주의적 이해를 잘 집약하고 있다. 이에 관해 설명해보자. 맑스는 사회를 두 개의 요소(혹은 구조)로 나누고 있다. 이 두 개의 구조는 ‘하부구조’ (혹은 경제적 토대)와 ‘상부구조’ 다. 그리고 그는 하부구조가 상부구조를 지배한다고 강조한다. 하부구조를 담당하고 있는 경제가 상부구조인 정치, 법률, 문화, 이데올로기 등을 규정한다는 것이다. 다시 말해 경제가 상부구조의 형태들을 규정한다는 것이다. 이 정도로 경제는 자본주의 사회의 여러 가지 제도들에 중요한 영향을 미친다. 따라서 맑스의 입장에서 볼 때 하부구조에 관한 이해가 선행되지 않고서 상부구조에 대한 분석이 이루어진다면, 그것은 별로 의미를 지니지 못한다. 이를테면 상부구조인 국가에 관한 분석은 하부구조에 대한 분석이 밑받침이 되어야 비로소 국가에 관한 성격 혹은 특징들을 잘 이해할 수 있다는 의미다.

이러한 맥락에서 맑스는 “이러한 생산관계들의 총체성이 진정한 토대인 사회의 경제적 구조를 형성한다. 이러한 바탕 위에서 법률적 정치적 상부구조가 일어나며, 특정한 사회적 의식형태도 이에 상응한다. 물질적 생활의 생산양식은 사회적, 정치적, 그리고 정신적인 생활과정 일반을 결정한다”고 진단한다.

　이 인용문을 좀 더 자세하게 검토해 보면 다음과 같은 사실을 이해할 수 있다.

　먼저 맑스는 '생산관계' 에 관해 언급하고 있다. 그리고 이 '생산관계' 는 물질적인 '생산력' 의 일정한 단계에 상응한다. 그렇다면 '생산력' 이라는 개념에서 출발해보자. '생산력' 은 '생산관계' 를 낳는다. 그리고 사회의 경제구조를 구성하는 것은 '생산력 자체' 가 아니라 바로 이 '생산관계' 다. 이제 이 경제구조가 상부구조를 낳는 바로 그 토대다. '생산력' 이라 함은 생산을 위해 사용된 물건들이며, 그 구체적인 예로는 노동력, 원료, 기계 등을 들 수 있다. '생산관계들' 이라 함은 인간 사이의 관계들, 혹은 인간과 사물 사이의 관계를 의미한다. 예를 들어 노동자가 자신의 노동력을 팔고 이를 자본가가 구매하는 행위, 즉 판매와 구매는 곧 생산관계를 의미한다. 맑스는 이렇게 말한다. "생산관계들은 생산력들의 발전단계와 상응한다."

　그런데 여기서 한 가지 중요한 사실을 다시금 지적할 필요가 있다. 맑스의 정치경제학 비판은 엥겔스가 〈독불연보〉에 싣기 위해 제출한 《정치경제학 비판요강(Umrisse zu einer Kritik der Nationalökonomie)》[61]과 그 인식의 토대를 같이 하고 있다. 먼저 엥겔스는 자신의 정치경제학 비판 혹은 자본주의 비판의 말문을 노골적인 어법 및 은유를 사용하면서 이렇게 열고 있다.

---

61 엥겔스는 이 글을 1843년 말에서 1844년 1월까지 작성했다.

"국민경제학(Nationalökonomie)은 무역확대의 자연스러운 산물이다. 그리고 국민경제학과 함께 단순하고 비과학적인 거래 대신에 합법적인 사기인 세련된 제도, 즉 하나의 완전한 재물학(Bereicherungswissenschaft)이 등장했다.

상인들의 질투와 탐욕에서 발생한 국민경제학 혹은 재물학은 가장 불쾌한 이기심을 뻔뻔스럽게 나타낸다. 사람들은 아직도 금과 은이 부라고 하는 소박한 생각을 가지고 생활한다. 그래서 '고귀한' 금속의 수출을 도처에서 금지하는 것보다 더 급한 일은 없다고 말한다. 국가들은 구두쇠처럼 서로 마주 대하고 있다. 각자 자기 지갑을 두 팔로 움켜쥐고 있으며, 질투와 의심 어린 눈초리로 이웃을 주시한다. 무역거래를 하고 있었던 민족들에게서 가능한 한 많은 현금을 거두어들이고 마침내 수확한 것을 보유할 수 있는 모든 수단들이 다 동원된다."

그런 다음 엥겔스는 자유주의 경제학이 만든 유일하게 확증적인 진보는 다름 아닌 '사적 재산의 법칙들'을 발전시켰다는 점에 있다고 진단했다.

그가 이 글에서 전달하고자 하는 메시지는 무엇인가? 엥겔스가 이 글에서 주장하는 내용의 요지는 이렇다. 자본주의가 탐욕과 이기적인 충동 위에 건설된 도덕적으로 파렴치한 것임에도 애덤 스미스와 그 제자들은 이를 은폐했다. 스미스와 같은 사상가는 과거에 비난의 대상이 되었던 이기심을 '잠재적인 사회적 효용'으로 전환하여 이것에 정당성을 부여했다는 것이다. 또한 스미스의 주장, 즉 '교환은 인간적인 자연적 성향이며, 이를 통해 세계를 더 문명화시킬 수 있다'는 주장에 대해 엥겔스는 그것은 이기심에 대한 계몽주의 시대 이전의 개념규정으로 복귀하는 것이며 상거래의 배후에 놓여 있는 진정한 동기는 이기적인 것에 불과하다고 말한다.

엥겔스는 이렇게 반문한다.

"당신들이 언제 보편적 이해관계와 개인적 이해관계의 대립이 무익하다는 것을 알고, 순수한 인간주의적 입장에서 무엇을 한 적이 있었단 말인가? 언제 당신들이 이득을 챙길 마음이 전혀 없이, 혹은 당신들 마음 저 편에 비도덕적이고 이기적인 동기를 마음에 품지 않은 채 도덕적이었던 적이 있었단 말인가?"

또한 엥겔스는 자본주의의 기본적인 문제는 경쟁체계의 도입에 있다고 진단했다. 엥겔스에 따르면 경쟁은 동물적 성질인 적대감이라는 단어를 좋게 표현한 말이며, 이것이 모든 사람을 자신만의 고독한 세계 속에 고립시키고 타인과 싸우게 함으로써 인류의 부도덕성이 극에 달하게 되고, 결국 '만인의 만인에 대한 전쟁'을 조장하는 것이다. 나아가 자본주의 체제 아래서의 경쟁은 대규모 제조업자가 영세한 중소 제조업자를 시장에서 몰아내고 궁극적으로는 사적 재산의

편중을 유발시킨다. 그리하여 결국,

"경쟁은 우리의 모든 생활조건들에 침입했고, 인간이 현재 견뎌내고 있는 상호간의 예속을 완성시켰다. 경쟁은 위대한 원동력이다. (……) 경쟁은 인간의 수적인 발전을 지배하며, 동시에 인간의 도덕적인 진보를 지배한다. (……) 공장제도의 확장은 도처에서 범죄의 증대를 초래한다."

이와 같이 자본주의 체제의 성격을 규정하면서 엥겔스는 자본주의 사회에서 모든 인간은 타인의 불행에 모험을 걸면서 이득을 취하는 투기꾼이 된다고 주장했다. 애덤 스미스, 에드먼드 버크, 그리고 헤겔이 자본주의의 작동기구인 '시장'은 인간에 의해 의도되었던 것이 아님에도 불구하고 조화롭고 자연적인 질서를 가져다주었다고 이해했던 반면, 엥겔스는 시장을 무질서와 혼돈의 상태로 간주했다.

다시 생산력의 문제로 돌아가자. 맑스는 이미 《철학의 빈곤(Das Elend der Philosophie)》[62]에서 다음과 같은 생각을 거침없이 내뱉고 있다. "맷돌은 당신에게 봉건영주를 가진 사회를 선사하고, 증기제분기는 당신에게 산업자본주의자를

---

[62] 이 글은 1846년 말에서 1847년 4월 초 사이에 작성되었고, 칼 카우츠키(Karl Kautsky)와 에두아르트 베른슈타인(Eduard Bernstein)에 의해 독일어판(엥겔스가 감수)으로 1885년에 처음으로 발간되었다. 이 글은 프루동의 《빈곤의 철학》에 대한 답변 내지는 비판이다.

가진 사회를 선사한다." 이 말의 의미를 이해하지 못하는 사람은 아마 없을 것이다. 생산력의 발전단계에 상응하는 생산관계 혹은 사회적 관계가 존재한다는 말이다.

주지하다시피 자본주의는 엄청난 발전을 거듭해왔고, 특히 자연과학기술의 발전은 생산력의 발전을 상당히 진전시켰다. 초기 자본주의 시대와 후기 자본주의 시대를 비교해 볼 때 이 점은 간단히 입증된다. 다시 말해 자본주의는 이전의 체제를 붕괴시켰을 뿐 아니라 나아가 자본주의 자체의 모습도 변화시켰다. 이러한 생산력 부문의 변화와 발전은 자본주의 사회의 고전적 계급관계뿐 아니라 인간의 생활양식 일반을 변화시켰던 것이다.[63]

생산력의 발전은 기존의 사회질서 체계를 붕괴시킨다. 생각해보자. 봉건시대에는 자본의 양이라는 것이 그렇게 대단하지 않았다. 그러나 생산력의 발전과 함께 자본의 축적되기 시작하면서 자본가는 풍부한 새로운 노동력을 필요로 한다. 하지만 봉건질서 밑에서 농노는 자유로운 인격체가 아니며 영주의 소유물에 불과하다. 그렇다면 자본을 서서히 축적하기 시작하는 자본가는 어디에서 자본의 증식을 위해 필요한 노동력을 안정적으로 확보할 수 있단 말인가? 길은 한 가지밖에 없을 것이다.

---

[63] 이 점이 자본주의 사회의 계급적 범주 자체가 유명무실하게 되었다는 것을 의미하지는 않는다. 자본주의 사회의 계급적 성격은 여전히 존재하며, 단지 과학기술의 발전으로 인해 이 계급 개념 혹은 계급적 관계를 지평을 넓혀 생각해 볼 필요성은 분명히 존재한다. 다시 말하지만 자본주의 사회의 계급 개념은 여전히 유효한 개

봉건적 질서에서 자본주의적 질서로의 이행과정에 대한 맑스의 기본적인 입장은 이렇다. 자본가들은 기존의 사회질서에 대해 반대의 깃발을 높여야 할 것이다. 그리하여 그들은 영주와 농노에 기초한 봉건질서에 대해 '자유', '평등', 그리고 '박애'와 같은 슬로건을 내세워 그 질서를 전복하고자 할 것이다. 이것은 사실상 그들의 명령이자 지시가 아니라 '자본'의 명령이자 지시인 것이다. 다시 말해 생산력들의 발전은 새로운 생산관계들을 재편성하고자 하며, 나아가 사회의 전체 구조를 변화시킨다. 이제 영주와 농노라는 봉건적 사회질서는 붕괴되고, 그 자리에 자본가와 노동자의 관계가 들어선다. 이 새로운 생산관계들은 사회의 경제구조를 구성하며, 이 경제구조에 상응하는 자본주의적인 법적 정치적 상부구조가 만들어지게 된다. 또한 종교와 도덕률도 이와 마찬가지로 형성된다. 예를 들면 종교적 양심의 자유, 계약의 자유, 재산처분권, 이기주의, 그리고 경쟁과 같은 단어들이 인간해방의 깃발 아래 사회의 중심적인 위상을 점하게 된다. 이제 모든 인간은 자유롭고 평등하며 독립적인 행위자들인 것이다. 애덤 스미스는 《국가 부의 본성과 원인에 관한 연구(An Inquiry into the Nature and Causes of the Wealth of Nations)》(1776)에서 이러한 가치들에 기반한 자본주의 경제형태를 가격의 힘을 빌려 잘 설명하고 있다. 필자가 이미 설명했고 나중에 다시 부연설명할 것이지만, 간단히 말해 맑스가 판단할 때 이것은 곧 자본주의 이데올로기 혹은 허위의식에 불과한 것이다.

생산력 및 생산관계와 관련한 맑스의 생각을 요약해보면 이렇다. 사회의 구성은 세 단계의 과정을 거쳐 이루어진다. 즉 생산력들은 생산관계들을 규정한다. 그런 다음 생산관계들은 상부구조를 규정한다.[64] 생산력들은 기본적인 것이다. 생산력의 증대는 역사의 모든 과정을 위한 계기를 제공해 준다.[65]

그런데 여기서 되풀이하여 언급해 둘 사항이 있다. 비록 맑스가 사회를 형성하는 구조 가운데 하부구조의 중요성을 매우 강조하고 있기는 하지만, 그렇다고 해서 그를 하부구조가 상부구조를 일방적으로 결정한다고 주장하는 경제결정론자라고 단정해서는 안 된다는 것이다. 그 이유는 간단하다. 맑스는 상부구조의 중요성과 역할을 인정하는 사람이기 때문이다. 그는《루이 보나파르트의 브뤼메르 18일》과《공산당선언》[66]에서 하부구조에 의한 절대적 결정성의 차원을 벗어나 상부구조의 중요성과 역할에 대해 언급하고 있다.

"인간은 그들 자신의 역사를 만든다. 그러나 그들은 그들이 원하는 대로 역사를 만들지 못한다. 그들은 그들이 선택한 환경 밑에서 역사를 만들지 못한

---

64 필자가 '결정한다' 가 아니고 '규정한다' 는 용어를 사용하는 이유는 맑스를 경제결정론자로 보지 않기 때문이다. 적어도 맑스가 역사의 운동을 '변증법' 적 차원에서 이해했다는 점을 받아들인다면, '결정한다' 는 단어보다는 '규정한다' 는 단어가 더 적절하다고 본다.

65 하부구조와 상부구조의 관계에 관한 설명이 너무 도식적이지 않나 하는 비판이 있을 수 있다. 다시 한번 강조하지만 이 논의에 대한 아주 상세한 논의는 생략하기로 한다. 필자는 여기서 단지 맑스가 쓴 글을 통해 맑스가 강조하고자 했던 사실들을 전하고자 하며, 이를 통해 맑스에 관한 독자들의 이해를 돕고자 하기 때문이다. 적어도 맑스가 어떤 사상가였던가를 독자에게 전달하고자 함이 이 책의 주요 목적이며, 더 상세하고 구체적인 논의를 원하는 독자는 맑스의 원전과 직접 대면하면 될 것이다.

66《공산당선언》은 1847년 12월에서 1월 사이에 작성됐다.

다. 그들은 과거로부터 직접적으로 부닥치고, 주어지고, 전달된 환경 밑에서 역사를 만든다."

하부구조인 경제가 상부구조를 일방적으로 결정한다면 상부구조의 하나인 인간의 의지는 아무런 쓸모가 없을 것이다. 또한 그는 《공산당선언》의 첫 줄에서 "지금까지 존재한 모든 사회의 역사는 계급투쟁의 역사"라고 하지 않았던가! 하부구조의 중심적인 핵인 생산력들이 모든 것을 통제한다고 한다면, 인간의 실천을 의미하는 계급투쟁들은 단지 피상적인 형태에 불과할 뿐이다. 즉 계급투쟁들은 이 것들을 반영하고 있는 실체에 별로 영향을 미치지 못하는 스크린에 비친 그림자에 지나지 않을 따름이다. 그렇다면 맑스는 어떤 연유로 역사를 '계급투쟁의 역사'로 기술하고 있단 말인가? 한갓 어휘적 사치를 누리기 위해서였단 말인가? 상부구조인 사상(혹은 이념)이나 정치가 어떤 진정한 인과관계적 중요성을 가지지 못한다면, 맑스의 사상은 노동자 계급의 운동에 어떤 의미를 부여해줄 수 있단 말인가?

맑스는 하부구조가 지니는 중요성을 분명히 강한 어조로 역설했다. 이것은 사실이다. 하지만 이게 전부는 아니었다. 맑스는 역사의 발전이 일방통행이 아니었다는 점을 누구보다도 잘 인식하고 있었다. 그가 이러한 사실을 제대로 파악하지 못했다면, 어떻게 그가 변증법적 방법론을 수용하고 그것을 자신의 학문적 토대로서 사용했겠는가! 맑스가 사망한 후에 그의 영원한 동지인 엥겔스는 이렇게 말했다. "맑스는 경제적 요인이 유일한 결정적인 요인이라고 말하지 않았다." 엥겔스 스스로도 시인하고 있듯이 맑스와 엥겔스는 경제적인 측면을 거부했던 사람들과는 반대로 경제적인 측면을 강조했던 까닭에 오해를 샀던 것이다.

1857년과 1858년 사이에 작성된《정치경제학 비판 요강》에서 맑스는 '최종 심급' 이라는 용어를 사용하면서 인간존재를 구성하는, 상호작용하는 전체 속에서의 생산력의 우위에 관해 언급하고 있다. 또한 이 글에서 그는 사회를 모든 것이 상호 연결되어 있는 '총체' 혹은 '유기적 전체' 로 기술하고 있다. 물론 그가 하부구조와 상부구조의 엄밀한 상호작용 관계에 대해 자세하게 설명하지는 않았다. 맑스를 경제결정론자로 볼 것인가, 아니면 하부구조와 상부구조의 상호작용성을 인정한 하부구조 우위론자로 볼 것인가 하는 문제에 대해 필자는 다음과 같은 결론을 내리고자 한다.

스스로도 인정했듯이 맑스는 경제결정론자가 아니었다. 사회의 전체 구조를 형성하는 것은 하부구조이지만, 하부구조가 일방적으로 상부구조를 '결정' 하는 것은 아니다. 상부구조 역시 '상대적 자율성' 을 지닌다. 그렇다면 이 상대적 자율성의 범위 내지는 한계는 어디까지인가? 상대적 자율성의 정확한 범위나 한계를 규정하는 것은 쉽지 않다. 이 글에서 하부구조와 상부구조, 즉 경제와 정치, 법률, 종교, 문화, 이데올로기 사이의 관계 자체에 대한 얘기는 이 정도로 해둔다.

엥겔스와 맑스는 경제구조와 상부구조 사이에 상호작용이 있다는 점을 간과하지 않았다. 하지만 그들은 '경제적 운동이 결국에는 그 자신을 필연적인 것으로 주장한다' 는 점만을 확언했다. 엥겔스의 기록에 따르면, 맑스는 생애의 말기에 자신의 교리가 오해받고 있는 것에 대해 매우 분노했고, 그래서 이렇게 천명했다. "내가 알고 있는 모든 것은 내가 맑스주의자[67]가 아니라는 점이다."

....

67 맑스주의가 지니고 있는 핵심적인 용어들은 다음과 같다.

① 역사적 유물론(Historical materialism): 맑스주의 철학의 초석은 엥겔스가 '역사에 대한 유물주의적 개념(the materialist conception of history)'으로 불렸던 것이다. 이것은 경제생활의 중요성과 인간이 자신의 생존수단을 생산하고 재생산하는 조건을 강조했다. 맑스는 본질적으로 '생산양식(mode of production)' 혹은 경제체계를 구성하는 경제적 '기초'가 이데올로기적 정치적 '상부구조(superstructure)'를 결정한다고 주장했다.

② 변증법적 변화(Dialectical change): 맑스는 헤겔을 따르면서 역사변화의 추동력은 변증법이라고 믿었다. 변증법은 더 높은 발전의 단계를 초래하는 경쟁적 힘 사이의 상호작용 과정을 의미한다. 유물주의 역사해석에서 역사변화는 계급적대 속에 표현된 '생산양식' 내에 존재하는 내적 모순의 결과다.

③ 소외(Alienation): 소외는 맑스의 초기 저술에 중심이 되는 개념이다. 소외란 자본주의 체제에서 노동이 단지 상품으로 환원되고, 노동이 탈인격화된 활동으로 되는 과정이다. 이 관점에서 볼 때 노동자는 자신이 생산한 생산물로부터, 노동과정으로부터, 동료 노동자로부터, 그리고 궁극적으로 창조적 사회적 존재로부터 소외된다.

④ 계급투쟁(Class Struggle): 자본주의 사회 내에 존재하는 중심적 모순은 사적 소유의 존재로부터 발생한다. 이 사적 소유의 존재는 생산수단의 소유자인 부르주아 혹은 자본가 계급과 재산을 소유하지 못해 노동을 판매함('임금노예')으로써 생존하는 프롤레타리아를 구분한다. 부르주아는 '지배계급(ruling class)'이다. 이 계급은 부의 소유를 통해 경제적 권력뿐만 아니라 국가라는 대리자를 통해 정치적 힘을 행사한다.

⑤ 잉여가치(Surplus value): 부르주아와 프롤레타리아 사이의 관계는 화해할 수 없는 갈등의 관계다. 이 갈등은 프롤레타리아가 필연적으로, 체계적으로 자본주의 아래에서 착취되고 있다는 사실을 반영한다. 맑스는 모든 가치가 상품의 생산을 위해 사용된 노동으로부터 발생한다고 믿었다. 이것은 이윤창출을 위한 요구가 자본주의 기업으로 하여금 노동자들에게 그들이 이룩한 노동가치보다 더 적게 지불함으로써 노동자로부터 '잉여가치'를 추출하게끔 강요한다는 점을 의미한다.

⑥ 프롤레타리아 혁명: 맑스는 자본주의의 운명은 정해졌으며, 프롤레타리아는 자본주의의 '무덤을 파는 사람(grave digger)'이라고 믿었다. 그의 분석에 따르면, 자본주의는 점점 더 증대하는 일련의 심각한 과잉생산의 위기를 경험하며, 이것은 프롤레타리아에게 혁명적 계급의식을 가져다준다.

⑦ 공산주의: 맑스는 프롤레타리아 혁명이 과도기적인 '사회주의적' 시기를 인도할 것이고, 이 동안에 '프롤레타리아 독재'가 재산을 빼앗긴 부르주아에 의한 반혁명(counter revolution)을 저지해야 할 것이라고 예언했다. 하지만 계급적대가 사라지고 완전한 공산주의 사회가 도래하기 때문에 프롤레타리아 국가는 사라질 것이라고 했다. 공산주의 사회는 부가 모든 사람에 의해 공유되고 '상품생산' 체계가 진정한 인간욕구로 향해진 '사용을 위한 생산' 체계로 대체된다는 의미에서 비계급적이다. 이로써 '인간의 전사(prehistory of man)'는 종말을 고한다. 덧붙이자면, 맑스는 자본주의 사회와 공산주의 사회 사이에는 혁명적 전환의 단계, 정치적 이행기가 있으며, 이 단계의 국가는 프롤레타리아의 혁명적 독재 단계라고 규정했다.

엥겔스의 평가나 말이 전적으로 옳다고는 판단할 수 없다. 하지만 한 가지 분명한 사실은 맑스는 자신의 사상이 오해받고 있다고 생각했다는 것이다.

역사는 어디를 향해 전진하는가?

헤겔은 정신 혹은 마음을 궁극적으로 '현실적인 것' 으로 간주했고, 물질세계를 이 정신 혹은 마음의 표현으로 파악했다. 그런 까닭에 그는 역사의 목표 혹은 목적을 모든 환영이나 족쇄들로부터의 인간해방에 두고 있다. 의식이 물질적 생활을 결정한다는 헤겔의 믿음은 궁극적인 실체와 역사의 의미에 대한 그가 가진 견해에서 비롯된다. 그에 따르면 역사는 의미 없이 때때로 우연히 발생하는 사건들의 연속이 아니라 인지할 수 있는 목표를 향해 전진하는 필연적 과정이다. 세계사에서 어떤 일이 벌어지는 것은 마음이 '절대정신' 에 도달하기 위해서다. 마음 혹은 의식의 수준에서 일어나는 것이 모든 다른 것의 진정한 원인이라는 것은 바로 이러한 의미에서다.

맑스가 "사회에서 생산하는 개인들, 즉 사회적으로 개인들이 특정한 생산을 하는 것이 출발점" 이라고 말했을 때 그는 헤겔과 마찬가지로 궁극적으로 현실적인 것에 관한 생각을 가지고 있었다. 역사에 대한 맑스의 유물주의적 개념은 헤겔의 관념주의에 대한 역이다. 이 개념은 궁극적인 실체의 성격에 관한 이론임과 동시에 역사변화의 원인에 관한 '하나의' 이론으로 이해될 수 있다. 맑스는 물질적 과정을 현실적인 것으로 파악했다.

《독일 이데올로기》에서 그는 '현실적이고 활동적인 인간의 현실적인 삶의 과정' 과 그 삶의 과정이 가지는 '이데올로기적 반영과 반향들' 을 대비시키고 있다. 또한 그는 '인간두뇌 속에서 형성된 유령(환영)들' 과 '경험적으로 실증할 수 있는 물질적 생활과정' 을 구별하고 있다. 맑스는 인간의 물질적 혹은 생산적 생활을 기술함에 있어 '현실적(real)' 혹은 '실제적(actual)' [68]이라는 용어를, 의식과 관련해서는 '반영(reflex)', '반향(echo)', '유령(phantom)' (혹은 환영) 이라는 용어를 빈번하게 사용했다.

맑스가 이러한 용어들을 자주 사용했던 이유는 무엇일까? 그 역시 헤겔과 같이 '현실적' 인 것과 단지 '외관' 에 불과한 것 사이의 차이를 구별하고자 했기 때문이다. 《자본》 제3권에서 그는 이렇게 말하지 않았던가! "사물들의 현상형태와 본질이 직접적으로 일치한다면 모든 과학은 쓸모없을 것이다." 맑스에게 중요했던 점, 그가 관심을 가졌던 점은 '본질' 에 대한 과학적 인식이었다. 예를 들어 종교적 세계는 '현실적인 세계의 반영에 불과한 것' 이라는 등의 인식이 그것이다. 이 인식은 맑스의 작품 전체(초기 혹은 후기 작품을 통틀어)을 관통하고 있다.

헤겔과 같이 맑스 역시 역사는 인지할 수 있는 목표를 향해 전진하는 필연적 과정이라고 이해했다. 그렇다면 역사는 '절대정신' 의 구현을 향해 나아가고 그 목표점에서 '마음의 해방' 은 달성되고 역사의 운동은 멈추고 마는가? 세계사의

---

[68] 이 용어들을 굳이 독일어로 표기하자면, 'wirklich' 이다. 더 깊은 관심을 가지고 있는 독자는 원전을 참조하기 바란다.

목표에 대한 맑스의 이념은 당연히 헤겔의 이념과는 다르다. 그는 마음의 해방을 현실적인 인간의 해방으로 대체했다. 또한 그는 다양한 의식형태를 통해 최종적인 자기인식으로의 마음의 발전을 인간의 생산력들의 발전으로 대체했다. 그러나 맑스에게 있어 인간의 생산력의 발전은 헤겔의 자기인식을 향한 마음의 진보만큼이나 필연적인 과정이다. 이러한 생산력의 발전과 이 발전을 가져다주는 인간능력의 해방이 역사의 궁극적 목표다. 맑스가 말하는 '공산주의'는 생산력이 자본주의보다 더 발전된 상태에서 발생하는 하나의 사회질서다.

간단히 정리하자면, 맑스는 역사를 인간의 진정한 본성(nature)의 진보로 보았다. 즉 인간은 자신의 욕구를 만족시키며 생산적인 활동을 통해 자연을 통제한다. 역사에 대한 유물주의적 개념은 역사 속에서 작동하는 진정한 힘이 무엇인가를 말해주는 역사에 대한 '하나의' 설명으로 해석할 수 있을 것이다. 맑스에게 있어 역사의 궁극적 목적은 인간해방에 있었다.

정치경제학 비판 2

자본주의의 두 축, 노동과 자본

맑스는 역사에 대한 유물론적 관점으로 자본주의 경제체계에 대한 연구를 진행
했다. 그 결과 세상에 나온 작품이 바로 《자본》[69]이다. 《자본》은 그의 최대 걸작품
이라고 평가받고 있다. 제1권, 제2권, 제3권으로 되어 있는[70] 《자본》은 부제를 달
고 있는데, 그 부제가 바로 '정치경제학 비판(Kritik der Politischen Ökonomie)'
이다. 《자본》 제1권은 자본의 생성 및 증식 과정인 '자본의 생산과정'을 다루고
있으며, 제2권은 생성된 자본이 유통되는 과정인 '자본의 유통과정'을, 제3권은

---

[69] 맑스는 1868년 4월 30일 엥겔스에게 보낸 편지에서 "칼이 자본에 대해서 쓰지만 말고 얼마라도 자본을 모았
으면 얼마나 좋았을까!" 라고 자신의 어머니가 말했다고 썼다.

[70] 어떤 사람들은 《잉여가치론》을 《자본》의 제4권이라고 규정한다. 맑스 자신도 《자본》 제1권 1판 서문에서 제
4권에서는 이론의 역사를 다루겠다고 했다. 《맑스/엥겔스전집(MEW)》에 따르면, MEW 제23권, MEW 제24권,
MEW 제25권이 각각 《자본》 제1권, 제2권, 제3권이다. 그리고 《잉여가치론》은 MEW 권수로 말하면, 26 · 1,
26 · 2, 26 · 3권이다.

맑스와 엥겔스. 두 사람의 우정과 협력은 《자본》이라는 대작을
탄생시켰다.

자본주의의 모든 과정을 총망라하는 '자본주의 생산의 총과정' 을 다루고 있다. 제1권은 맑스 자신이 직접 교정을 보아 1867년에 출간했다. 하지만 제2권과 제3권은 각각 1885년과 1894년에 엥겔스에 의해 출간되었으며, 제4권이라고 불리는 《잉여가치론》은 독일의 사회주의자인 칼 카우츠키에 의해 그 빛을 보게 된다.

맑스는《자본》제1권을 "잊을 수 없는 친구, 프롤레타리아 계급의 용감하고 헌신적이며 기품 있는 선구자" 인 빌헬름 볼프(Wilhelm Wolff, 1809~1864)에게 바친다고 하면서 서문에서 이렇게 적고 있다. "이 책의 궁극적 목표는 근대사회의 경제적 운동법칙[71]을 폭로하는 데 있다." 이는 곧 하부구조인 경제의 내재적 논리에 대한 비판적 분석을 행하겠다는 의미다.

우리는 이제 맑스 사상의 총체적인 맥락에서 이 비판적 분석에 대해 탐구하려 한다. 앞서 언급했던 바와 같이 맑스는 1844년에 이르러 고전정치경제학자들이 '자연적이고 필연적인' 것으로 보았던 자본주의 경제체제가 인간생활의 '소외된 형태' 라는 결론에 도달했다.

먼저 맑스가 한 진술을 통해 자본주의 경제질서에 대한 그의 총체적 인식에 관해 간단히 고찰해 보기로 하자. 맑스에 따르면 자본주의 생산양식은 곧 죽은 자(죽은 노동, 자본)가 산 자(살아있는 노동, 노동자)의 살과 피를 빨아먹는 양식

---

71 여기서 사용한 '법칙' 이라는 단어를 자연과학적 의미에서의 법칙으로 이해하면 곤란하다. 맑스가 이 단어를 사용할 때 염두에 두었던 점은 '경향으로서의' 법칙이라는 것이다. 맑스도 지적했던 바와 같이 인간의 행위는 동일한 조건 아래서도 각기 다른 분파성을 나타낸다.

에 그 토대를 두고 있다. 즉,

> "자본가는 자본이 인격화된 것이다. 그의 영혼은 곧 자본의 영혼이다. 그러나 자본은 오로지 하나의 생리적 욕구를 지니고 있을 뿐이다. 가치를 증식하고, 잉여가치를 창조해내며, 최대한 많은 양의 잉여노동을 빨아들인다. 자본은 흡사 흡혈귀처럼 오로지 살아있는 노동을 빨아먹으면서 사는 죽은 노동이다. 더 많은 노동을 빨아먹을수록 자본가는 더 풍족한 삶을 누린다. 노동자가 노동하는 시간은 자본가가 노동자에게서 산 노동력을 빨아먹는 시간이다."

자본가는 노동자를 자신들의 삶의 과정에서 필수적인 요소로 소모한다. 맑스는 자본[72]과 노동의 관계를 "산 자의 살덩어리와 피를 빨아먹고 사는 흡혈귀"라는 은유적 표현으로 설명하고 있다.

자본주의 체제 아래에서 노동자는 생존하기 위해 인간존재[73]의 본질인 노동력을 자본가에게 팔아야 한다. 자본가는 더 많은 자본을 축적하기 위해 이 노동을 사용하며, 자본이 축적됨에 따라 노동자에 대한 자본가의 지배력은 점점 더

---

72 항상 상기하기 바란다. 맑스에게 있어 자본은 '대상화된 노동' 내지는 '죽은 노동' 이라는 점을.

73 《포이어바흐에 관한 테제》에서 맑스가 언급했던 것처럼, '실천' 은 '실천적 존재' 를 의미하며, 인간존재는 '의식' 과는 대조적으로 '실천' 을 의미한다. 또한 '실천' 은 '생산과정에 있는 노동' 을 뜻한다. 맑스에게 있어 인간존재는 곧 인간의 실천이다.

커진다. 자본가는 더 부유해지는 반면, 노동자가 받는 임금은 단지 생존에 필요한 최저선을 헤매게 된다. 하지만 노동자가 이 최저선을 언제까지고 아무런 저항 없이 받아들이는 것은 아니다. 생산력과 생산관계의 모순으로 인해 노동자는 자신의 상황을 인식하게 된다. 이러한 점에서 경제 및 경제구조에 대한 연구는 중요하다. 그 연구를 통해 소외가 어떻게 이루어지는지를 알게 되고, 더불어 소외를 극복할 수 있는 방법에 대한 통찰력을 가질 수 있기 때문이다.

그래서 맑스는《신성가족》,《독일 이데올로기》,《철학의 빈곤》을 통해 자본주의 경제체제가 안고 있는 모순들에 대한 적극적 비판을 전개한다. 그는 1847년에 브뤼셀의 노동자클럽에서 일련의 경제학 강의를 했는데, 이는 1849년 4월 5일에서 11일까지 〈신라인신문〉에 사설로 연재됐다. 후에 이 글들은《임금노동과 자본(Lohnarbeit und Kapital)》으로 발간되었다. 이에 관해 간단히 탐구해보자.

《임금노동과 자본》에서 맑스는 '노동' 에 대한 이야기로 출발한다. 노동의 주체, 즉 소유자는 노동자다. 그러나 자본주의 아래서는 노동이 그 소유자인 노동자의 의지와 상관없이 이루어진다. 노동자가 가지고 있는 노동력은 생존을 위해 팔아야 하는 '하나의 상품' 일 뿐이다. 즉,

"노동력은 그 소유자인 임금노동자가 자본에게 파는 하나의 상품이다. 그는 이 노동력을 왜 파는가? 살기 위해서다."

이렇게 노동자의 노동은 생명을 유지하는 하나의 수단이 되고, 노동자는 자신의 생활을 희생시킨다.

맑스는 '이 희생의 대가인 노동임금은 어떻게 결정되는가?' 라는 질문을 던진다. 그는 다른 상품의 가격이 결정되는 것과 같은 이치로 노동의 가격도 결정된다고 말한다. 즉 노동의 가격은 수요와 공급에 따라 오르내린다. 단, 노동의 가격은 노동자가 자신의 생명을 유지하면서 계속 노동할 수 있을 만큼만 충족된다면 최소한의 수준까지 낮아지는 경향을 보인다. 이것이 곧 '노동의 생산비용' 이다.

이제 자본주의를 구성하는 또 다른 지축인 '자본' 에 관해 살펴보자. 고전정치경제학자들은 '자본' 을 이렇게 정의한다. 자본은 원료, 생산수단, 설비수단 등이라고 말이다. 하지만 맑스는 모든 자본요소들은 노동이 창조한 것이므로 '자본' 은 '축적된' 노동이라고 말한다. 사실 고전정치경제학자들도 이를 인정한다. 하지만 고전정치경제학자들이 인식하지 못했던 것이 있다. 그들은 모든 것들이 특정한 사회적 관계들 내에서만 해당된다는 사실을 간과했다. 다시 말해, 축적된 노동은 오로지 자본주의 사회에서만 자본으로 전환한다. 이러한 맥락에서 맑스는 이렇게 말한다.

"자본은 하나의 사회적 생산관계다. 이 사회적 관계는 부르주아적 생산관계, 곧 부르주아 사회의 생산관계다. 자본을 구성하는 생활수단들, 노동도구들, 원료들은 주어진 사회적 조건들 밑에서, 일정한 사회적 관계들 안에서 만들어지고 축적된 것들이 아니겠는가? 그것들은 주어진 사회적 조건들 밑에서, 일정한 사회적 관계들 안에서 새로운 생산에 사용되는 것이 아니겠는가? 그리고 다름 아닌 이 특정한 사회적 성격이 새로운 생산을 위해 이용되는 생산물들을 자본으로 만드는 것이 아니겠는가?"

이처럼 자본은 단지 물질적인 것이 아니라 하나의 일정한 사회적 관계를 언제나 담지하고 있으며, 이 관계망 속에서 의사소통망이 형성된다.《철학의 빈곤》에서도 역시 맑스는 지적하지 않았던가! "경제적 범주들은 단지 이론적인 표현들, 즉 사회적 생산관계들의 추상(abstraction)인 것이다"라고 말이다.

고전정치경제학자들은 자본을 사회적으로 나타난 것이라기보다는 '자연적'인 것으로 본다. 이들은 자본을 단지 물질적 생산물들로 이해한다. 반면 맑스가 볼 때 자본 및 자본주의는 자연적인 것이 아니다. 그것은 역사의 특정한 발전국면에서 등장하는 특수한 제도다. 그는 이렇게 말한다.

"개인들이 생산을 행하는 사회적 관계들, 즉 사회적 생산관계들은 물질적 생산수단들과 생산력들의 변화 및 발전과 함께 변화한다. 그 전체성 안에서 존재하는 생산관계들은 사람들이 사회라고 부르는 것을 만들며, 더 정확히 말해 일정한 역사적 발전단계에 있는 하나의 사회, 즉 다른 것들과 구별되는 특유한 성격을 지닌 사회를 만든다. 고대사회, 봉건사회, 부르주아 사회는 그러한 생산관계들의 총체이며, 또한 각각의 생산관계들은 인간역사에서 특수한 발전단계를 나타낸다."

요컨대 자본 및 자본주의 사회는 역사의 발전과정에서 등장한 제도에 불과하다. 이것은 결코 영원불멸의 제도가 아니다.

그런데 물질적 생산물들은 상품이다. 상품은 다른 상품과 교환할 수 있다. 따라서 상품은 '사용가치' 와는 또다른 '교환가치' 를 가진다. 맑스에게 있어 이 '교환가치' 는 핵심적인 단어다. 사용가치는 시장이나 다른 교환체계를 필요로 하지 않는 반면, 교환가치는 사정이 전혀 다르다. 이제 자본은 이 교환가치를 가지는 상품의 합계가 된다. 자본주의 사회를 상품교환경제라고 부르는 이유가 여기에 있다. 생각해보자. 자본도 상품, 토지도 상품, 노동력[74]도 상품이다. 적어도 생산을 하기 위해서는 이 모든 것들이 교환되어야 한다. 이것들이 상품으로서 교환되지 않으면 자본주의는 제대로 유지될 수도 확대될 수도 없다. 즉 자본은 임금노동을 고용하지 않고서는 존재할 수 없다. 임금노동 또한 마찬가지다. 임금노동 역시 자본에 의해 고용되지 않으면 존재할 수 없다. 이것은 자본가와 노동자가 동일한 이해관계를 가지며, 그들의 거래가 조화로운 관계 속에서 이루어진다

----

[74] 자본주의적 관계들 안에서 '노동력' 에 관한 규정은 이렇다. "상품시장에서 독특한 특성을 지닌 한 상품, 즉 이것의 사용이 새로운 가치의 원천이며 새로운 가치의 창조인 상품."

고 주장하는 자본주의 경제학자들의 인식론적 토대다.

이에 반해 맑스는 이렇게 말한다. 자본은 '독립된 사회적 힘'이며, 직접적이고 살아있는 노동력과의 교환을 통해 자신을 증식한다. 요컨대,

> "노동력 이외에 아무것도 소유하고 있지 못하는 한 계급의 존재는 자본의 증식을 위해 필수적인 전제조건이다. 직접적이고 살아있는 노동에 대한 축적되고 대상화된 노동의 지배는 축적된 노동을 자본으로 만든다.[75] 자본은 축적된 노동이 새로운 생산을 위해 살아있는 노동에 봉사하는 데 있는 것이 아니다. 자본은 살아있는 노동이 축적된 노동의 교환가치를 유지하고 증대하기 위해 축적된 노동을 위한 수단으로 봉사하는 데 있다."

그가 판단하기에 자본가와 노동자 사이에는 근본적인 대립이 존재했다. 자본이 증대하면 노동자에 대한 자본의 지배도 증가한다. 임금노동은 자신을 지배하는 부를 창출하며, 이 적대적인 힘으로부터 자신의 생계수단을 획득한다. 하지만 임금노동은 자본의 증대에 기여하는 조건하에서만 자신의 생계수단을 벌 수 있다. 다시 말해 노동은 자본의 증식에 기여하는 '생산적 노동'으로 기능할 때만

---

[75] 맑스는 '노동'의 관점에서 자본주의 체제를 분석하고 있다. 이 분석을 위해 등장한 개념이 바로 '살아있는 노동(lebendige Arbeit)'과 '죽은 노동(tote Arbeit)'이다. '살아있는 노동'은 현재 생산과정에서 활동하고 있는 노동이며, '죽은 노동'은 '축적되고 대상화된' 노동으로서 자본을 의미한다. 맑스에 따르면 자본주의는 '살아있는 노동'에 대한 '죽은 노동'의 지배체제인 것이다.

이 자신의 존재기반을 확보할 수 있다는 것이다. 사회적 권력인 자본은 생산력의 발전과 함께 더 치밀하게 자신의 제국을 건설하기 시작한다. 그리하여 자본은 분업을 증대시킴으로써 자신의 지배를 증대하고 확장한다. 이것은 서로 경쟁해야 하는 자본가들이 노동에 대해 이전보다 더 생산적이 되도록 강요하기 때문에 발생한다. 그들이 가진 생산규모가 크면 클수록 분업은 더욱 더 큰 범위로 일어난다.

분업의 증대는 여러 가지 효과들을 가져온다.

① 5명 혹은 10명의 일을 1명이 할 수 있게 한다. 그리하여 일자리를 얻기 위한 노동자들의 경쟁을 증대시키며, 그 결과 임금을 하락시킨다.

② 노동을 단순화시키고, 노동자의 특수한 기술을 무시한다. 그리고 분업은 노동자들을 '간단하고 단조로운 생산력' 으로 변형시킨다.

③ 소자본가들을 사업에서 탈락시킨다. 탈락한 소자본가들은 노동자 계급으로 전락한다. 즉 "노동을 요구하는 치켜 든 팔들의 숲은 더욱 빽빽해지는 반면, 팔들 그 자체는 더욱 수척해진다."

분업과 관련하여 이 시점에서 다음과 같은 사실을 언급하기로 하자. 맑스가 그린 공산주의 사회의 핵심 중 하나는 분업의 폐지에 있다. 이 점은《고타강령 비판》에서 잘 드러나고 있다. 맑스는 이렇게 진술한다.

"공산주의 사회의 더 높은 단계에서, 즉 개인이 분업에 복종하는 예속적 상태가 없어지고 이와 더불어 정신노동과 육체노동 사이의 대립도 없어지고, 노동이 생활을 위한 수단임과 동시에 그 자체가 일차적 생활욕구가 되고, 개인들의 전반적인 발전과 함께 생산력이 증대하고, 조합적 부의 모든 분천이 흘러넘칠 때 비로소 부르주아적 권리의 편협한 한계가 완전히 극복되고, 사회는 자신의 깃발에 이렇게 기록할 수 있을 것이다. 각자는 능력에 따라, 각자에게는 필요에 따라!"

맑스는 《임금노동과 자본》에서 자본과 임금노동의 관계를 다음과 같이 정리하고 있다.

"자본이 증대하면 할수록 분업과 기계의 사용이 늘어난다. 분업과 기계의 사용이 늘어날수록 노동자들 사이의 경쟁은 늘어나고, 그들의 임금은 더욱 더 줄어든다."

덧붙이자면,

"자본이 급속하게 증대하면 노동자들 사이의 경쟁은 훨씬 더 급속하게 증대한다. 즉 고용수단, 곧 노동자 계급을 위한 생계수단은 상당히 줄어든다. 그럼에도 불구하고 자본의 급속한 증대는 임금노동을 위한 가장 유리한 조건이다."

　이 인용문은 얼핏 보면 모순적인 것처럼 보인다. 도대체 '자본의 급속한 증대'가 '임금노동을 위한 가장 유리한 조건'이라니. 이 문장의 의미를 설명하자면 이렇다. 자본의 급속한 증대는 분업을 통해 이루어지며, 그 결과 자본가들은 생산력을 증대시키기 위해 기계를 도입한다. 분명 기계는 인간이 할 수 있는 것보다 훨씬 더 큰 생산력을 가지고 있다. 기계의 도입으로 인해 노동자의 일자리는 줄어들고, 또한 수요와 공급 원칙에 의해 노동자들 사이의 경쟁은 심화된다. 게다가 노동자의 임금도 줄어든다. 일자리를 잃은 노동자들과 일자리를 가지고 있지만 불안정한 노동자들은 자신의 상황을 인식하게 된다. 즉 그들은 개체로서의 개인이 아닌 사회적 존재자로서의 자신을 인식하면서 하나의 계급의식을 형성하게 된다. 이제 노동자 계급은 자본가 계급에 대항해 인간으로서의 자신의 존재를 회복하기 위해 투쟁한다. 결국 자본의 급속한 증대는 임금노예인 노동자 계급에게 자신의 존재를 인식할 계기를 제공해줌으로써 임금노동자를 위한 가장 유리한 상황을 마련해주는 셈이다. 요컨대 엥겔스가 《영국 노동자 계급의 상황》에서 진술했던 것과 같이 "노동자와 자본가의 대립이 첨예화할수록 노동자들의 프롤레타리아적 의식은 더욱 발전하고 첨예화한다."

　맑스가 전달하고자 했던 메시지는 바로 이러한 것이었다. 다시 말해 자본주의는 '자신의 무덤을 스스로 파는' 결과가 초래된다는 것이다.

기계의 도입은 노동자의 일자리를 줄일 뿐 아니라 노동자의 임금도 억제한다.

자본주의의 '내재적인' 경제적 운동법칙

자본주의가 안고 있는 모순을 정확하게 인식하고자 한다면, 이 체제가 행하고 있는 내적인 운동들을 제대로 이해해야 한다.

맑스는 1857년 10월에서 1858년 5월까지 자본주의 경제질서의 내적 운동에 대한 총체적인 비판을 담은 《정치경제학 비판 요강》을 작성했다. 이 글은 《자본》에서 전개되었던 많은 내용들을 초고 형식으로 담고 있다. 이 글은 1953년에야 비로소 출간됐고, 영어 번역판은 20년이나 늦은 1973년에 출간됐다.

《정치경제학 비판 요강》은 용어나 논의방법에서 다른 어떤 글보다 1884년의 《경제－철학 수고》에 더 가깝다. 이 글의 배경과 관련하여 간단히 언급하면 이렇다.[76]

맑스는 런던으로 이주한 즉시 1848년과 1849년의 혁명 때 중단해야 했던 경제학 연구를 다시 시작했다. 1857년 7월까지 맑스의 작업은 경제이론에 관한 다양한 종류의 원전들을 수집하고 이를 비판적으로 살피면서 영국과 다른 국가들의 자본주의 경제생활에서 일어난 주요한 사건들을 연구하는 것이었다. 이 연구 과정에서 그는 1850년대에 유럽 국가들에서 발생한 경제위기들에 특별한 관심을 가졌다. 이러한 맥락에서 맑스와 엥겔스는 혁명적 상황의 개시를 초조하게 기대했다.

---

76 이 점에 관한 설명은 전적으로 《정치경제학 비판 요강》의 독일어판 서문을 참조했다. 이 책은 우리말로 번역되어 있다. 《정치경제학 비판 요강》(김호균 옮김, 백의, 2000)

"이번에는 전대미문의 최후의 심판이 있을 것이다. 전 유럽의 산업이 망하고, 모든 시장은 넘쳐흐를 것이고, 모든 유산계급은 손해를 볼 것이며, 부르주아의 완전한 파산과 전쟁과 극도의 부도덕함이 있을 것이다."

맑스의 예견대로 1857년에 경제공황이 밀어닥쳤다. 이를 계기로 새로운 혁명적 도약이 있을 것이라고 맑스는 예상했다. 이 혁명적 도약의 주역은 노동자들이었다. 그들이 자신의 역사적 과업을 성공적으로 수행할 수 있으려면 무엇보다 경제지식으로 무장함으로써 계급의식을 강화해야 했다. 이를 돕기 위해 맑스는 자신이 직접 경제이론을 정립해야겠다고 생각했다. 그는 자본가 계급과 노동자 계급의 계급적 상황이 적대적이라는 걸 입증해야 했다. 그는 1850년대의 자신의 경제학 연구 성과들을 서둘러서 요약했다. 1857년 12월 8일 맑스는 "나는 대홍수 이전에 적어도 개요만이라도 명확히 하기 위해 밤새도록 미친 듯이 나의 경제학 연구들을 요약했다"는 내용의 편지를 엥겔스에게 보냈다. 이러한 모습을 지켜본 맑스의 아내 예니도 맑스와 엥겔스의 친구이자 동지인 콘라드 슈람에게 다음과 같은 내용의 편지를 썼다.

"당신은 모어(Mohr)[77]가 얼마나 기뻐하는지 충분히 상상할 수 있을 겁니다.

---

[77] 모어(Mohr)는 맑스의 애칭이다.

그가 이전에 가지고 있던 모든 노동능력과 경쾌함이 정신의 신선함과 유쾌함과 함께 다시 돌아왔습니다. (……) 칼은 낮에는 매일 매일의 양식을 위해 일하고, 밤에는 경제학의 완성을 위해 일하고 있답니다. 이 작업은 시대의 요구, 필연성이 되었답니다."

하지만 맑스의 기쁨은 그리 오래가지 않았다. 1857년 가을에 발생한 경제공황은 혁명으로 연결되지 못했다. 하지만 이러한 시대적 상황은 맑스가 자신의 경제학 연구를 요약하는 직접적인 계기가 됐다.

《정치경제학 비판 요강》에서 맑스가 말하고자 했던 핵심은 무엇인가? 먼저 맑스는 자본주의적 생산관계의 본질이 임금노동자[78]와 자본가, 노동과 자본의 관계를 통해 규정된다고 정의한다. 그리고 이 생산관계에서는 노동과 자본이 서로 마주 대하면서 이들 사이에 교환이 이루어진다는 것이다. 즉 그의 표현을 빌리면, 자본과 노동의 관계에서 볼 때 "자본은 노동에 대해 우선은 교환가치로서, 노동은 자본에 대해 사용가치로서 마주 대한다." 또한 "노동과 자본의 첫 번째 교환과정을 통해 노동자의 살아있는 노동인 노동력에 대한 처분권이 자본가에게로 넘어간다. 두 번째 교환과정은 자본의 보존 및 증대 과정과 일치하는 노동과정

----

78 맑스가 말하는 임금노동자란 "일정 시간 무보수로 자본가를 위해(그와 잉여가치를 함께 먹어치우는 자를 위해서도) 노동하는 조건 하에 자신의 생활을 위해 노동하는 것, 즉 생활하는 것을 허락받는" 사람이다. 따라서 이런 "임금노동 제도는 노예 제도"일 따름이다.

그 자체다." 이제 맑스는 이렇게 적고 있다.

"노동자는 노동 자체를 대상화된 노동으로 판다. 즉 그는 노동이 일정량의
노동을 이미 대상화하는 한에서만, 노동의 등가물이 이미 측정되는 한에서
만 노동을 판다. 자본은 이 노동을 부의 일반적인 생산력인 살아있는 노동,
부를 증대시키는 활동으로서 구매한다."

맑스는 '대상화된' 노동과 '살아있는' 노동을 구별함으로써 독자에게 어떤
사실을 전달하고자 하는가? '대상화된' 노동은 자본가가 노동자의 노동에 대해
지불하는 미리 정해진 양이다. 예를 들면 8시간 노동과 같은 것 말이다. 이것은
하나의 상품으로서의 노동이다. 이 상품의 교환가치는 이 상품, 즉 노동을 생산
하기 위해 필요한 액수다. 즉 이 액수는 노동자를 살아있게 하고 스스로 재생산
할 수 있게 하기 위해 필요한 금액이다. 그러나 노동과 자본의 교환에는 이중적
인 성격이 내포되어 있다. 자본가는 계약상으로 지정된 시간 동안 노동자의 노동
력을 사용할 수 있다. 또한 이 노동력으로부터 추출할 수 있는 만큼의 가능한 한
많은 부를 창출하기 위해 이 노동력을 사용할 수 있다. 이 점이 바로 맑스가 자본
이 '살아있는' 노동을 구매한다고 하는 바로 그 이유다. 자본가들이 노동자의 노
동력으로부터 추출할 수 있는 것과는 무관하게 노동자는 고정된 액수만을 받는
다. 방금 언급했던 두 번째 교환과정인 노동과정에서 자본가가 노동자에게 지불

한 액수 이상의 금액이 창출되지 않는다면, 자본가는 첫 번째 교환과정을 더 이상 반복하지 않을 것임은 너무나 자명하다. 엥겔스는 맑스를 위한 추도사에서 그의 두 번째[79] 위대한 발견이 '잉여가치의 발견'이라고 기술했다.

잉여가치는 자본가가 구매한 노동력으로부터 추출할 수 있는 가치를 의미하며, 자본가가 지불해야 하는 노동의 교환가치 이상의 가치다. 이것은 창조적인 생산력으로서의 노동력과 대상화된 상품으로서의 노동시간 사이에 존재하는 차이다. 잉여가치에 관해 설명하기 전에 자본주의 사회에서 산업자본의 순환이 어떠한 과정을 통해 이루어지는지를 아래의 도식을 통해 살펴보기로 하자.

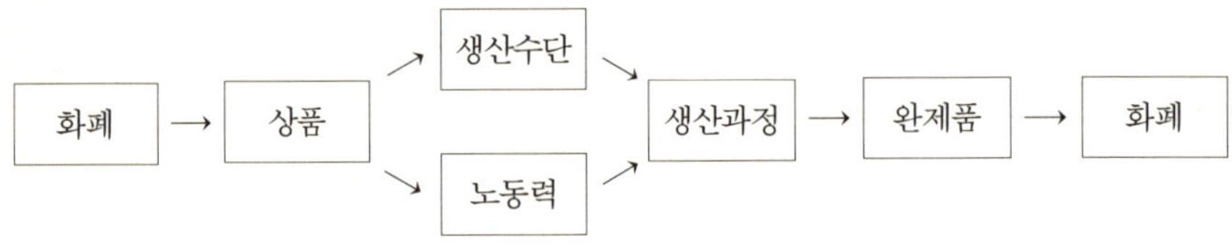

79 맑스가 이룩한 첫 번째 위대한 발견은 상품을 생산하는 자본주의 사회에서 '노동이 지니는 이중적 성격'이다. 맑스에 따르면, 자본주의 사회에서 노동은 이중의 성격을 지닌다. 그것은 곧 '구체적' 노동과 '추상적' 노동이다. 예를 들어 어떤 노동자가 자동차를 생산한다고 가정해 보자. 이 경우에 개별 노동자들이 행하는 노동이 '구체적' 노동이다. 하지만 '구체적' 노동은 사회 속에서 그대로 인정받을 수 없다. 다양한 '구체적' 노동들이 존재하기 때문이다. 다시 말해 생산수단의 사적 소유를 인정하는 자본주의 사회에서 노동은 직접적으로 사적 노동이며, 이 사적 노동은 시장을 통해 사회성을 확보해야 한다. 이럴 경우 등장하는 노동 개념이 '추상적' 노동이다. '추상적' 노동이라 함은 각각의 개별적인 '구체적' 노동들이 상호간의 교환을 통해 사회적 성격을 확보한 노동을 의미한다. 자본주의 사회에서 '판매'와 '구매' 행위는 하나의 사회적 행위로서 이를 통해 각 개별 노동자들이 행한 '구체적' 노동이 사회적으로 승인을 받게 되며, 이렇게 승인된 것이 '추상적' 노동이다.

자본가는 자신의 화폐(자본)를 가지고 생산에 필요한 상품, 즉 생산수단과 노동력을 구입한다. 그는 이 상품들을 가지고 특정한 제품을 생산한다. 그리고 특정한 상품을 다시 화폐로 회수한다. 자본주의 사회에서 산업자본은 3단계를 거치며 순환한다. 그 첫 번째 단계는 화폐를 가지고 상품, 즉 생산수단과 노동력을 구입하는 단계이며, 두 번째 단계는 생산수단과 노동력을 가지고 특정한 상품을 생산하는 단계이며, 그리고 마지막 세 번째 단계는 완제품을 판매하여 화폐로 다시 회수하는 단계다. 첫 번째 단계에서 자본가는 화폐형태로 자본을 가지고 있다. 그래서 이를 화폐자본이라 부른다. 하지만 이 화폐자본도 상품자본(생산수단과 노동력을 구입)으로 전환하며, 동시에 이 상품자본은 생산자본으로 전환한다. 마지막 단계에서 자본가는 완제품의 형태인 상품자본의 형태를 취하고 있기는 하지만 이는 일시적이고, 결국 이 상품자본을 화폐자본의 형태로 회수해야 한다. 그리하여 산업자본의 순환은 크게 보아 화폐자본, 생산자본 그리고 화폐자본의 형태를 취한다. 이를 자본의 기능형태라는 관점에서 도식화하면 다음과 같다.

| 산업자본의 순환형태 |

하지만 한 가지 사실을 꼭 기억해야 한다. 마지막 단계에서 화폐자본으로 전

환할 경우, 이 화폐자본은 원래 자본가가 가지고 있었던 화폐자본의 양보다 더 많아야 한다는 점을 말이다. 예를 들어 자본가가 원래 1백만 원의 화폐자본을 가지고 있었다고 하자. 그런데 단지 1백만 원에 해당하는 금액만을 회수한다고 한다면, 이 자본가는 무엇을 위해 자본을 투자했단 말인가! 자신의 이윤 등을 고려할 경우[80] 자본가는 최소한 1백만 원 이상의 화폐를 회수해야 한다. 따라서 이 자본가의 기업이 유지 및 확대되기 위해서는 마지막에 등장하는 화폐자본량이 처음의 화폐자본량보다 커야 한다는 점은 너무나 자명하다.[81]

이 과정을 염두에 두면서 다시 잉여가치에 관해 탐색해보자. 이 탐색을 하다 보면, 맑스가 왜 자본주의 사회를 노동자 계급에 대한 착취에 의존하고 있는 사회라고 규정했는가를 잘 이해할 수 있게 된다.

한 노동자가 자신의 생명을 유지하고 자기 노동력을 재생산하기 위해 하루에 필요한 생계비가 4000원이라고 하자. 그리고 하루에 이 노동자가 행하는 노동시간이 8시간이라고 가정하자. 그럴 경우 8시간에 대한 교환가치는 4000원이다. 시급으로 치면 이 노동자는 시간당 500원을 임금으로 받는다. 하지만 노동강도의 증가 및 생산력의 발전으로 인해 노동자가 4시간 만에 자신의 하루 생계비에 해당하는 4000원을 벌었다고 하자. 그러면 8시간 동안에는 8000원을 벌게 된다.

---

[80] 이 경우 여러 가지 더 복잡한 상황을 고려해야 한다. 예를 들어 돈을 빌려 투자했다고 가정할 때는 이자율 역시 감안해야 하고, 땅을 빌려 공장을 세웠다고 가정할 때는 지대 역시 감안해야 하는 등 상황은 복잡해진다. 하지만 여기서는 설명의 단순화를 위해 이러한 상황들에 대한 자세한 설명은 생략하기로 한다.
[81] '단순재생산'이라는 개념도 존재하기는 하나 이는 자본주의 경제질서를 고찰할 때는 무시해도 좋다.

그러나 자본가가 노동자에게 지급하는 임금은 4000원이며, 나머지 4000원은 자본가의 몫으로 돌아간다. 자본가는 4시간의 잉여노동을 통해 4000원이라는 잉여가치를 노동자로부터 추출할 수 있다. 바로 이 점이 자본이 노동자에 대한 지배를 증대시키기 위해 어떻게 노동자의 창조적 능력을 사용할 수 있는가에 대한 비밀인 것이다. 이 점을 산업자본의 순환과정에서 등장하는 단계들을 통해 다시 주목해보자.

산업자본의 첫 번째 단계에서 자본과 노동 사이에는 그 자체로 볼 때 아무런 문제가 없다. 자본가와 노동자 사이의 합의에 기초한 계약을 통해 이 과정이 이루어지기 때문이다. 예를 들어 자본가는 8시간의 노동에 해당하는 금액(4000원)을 노동자에게 지급했다. 이른바 자유계약의 원칙인 것이다. 그러나 문제는 두 번째 단계인 생산단계에서 발생한다. 자본가는 노동자의 노동력을 8시간 동안 사용할 수 있는 권리를 가지고 있고, 노동자는 이에 대한 의무를 행해야 한다. 자본가가 8시간 동안 단지 4000원만을 창출하도록 노동력을 사용한다면, 어디에서 자기 자본에 대한 대가인 '이윤'을 챙길 수 있단 말인가? 앞서 말한 바와 같이 노동강도의 증대 및 생산력의 발전을 이용해 자본가는 자신의 '이윤'을 챙기고자 노력한다. 그리하여 노동자가 생계를 유지하고 자신의 노동력을 재생산하기 위해 필요한 시간을 최대한 단축시킨다. 그 결과 4시간의 잉여노동이 발생하고, 이에 상응하는 잉여가치가 발생한다. 자본가는 이 잉여가치를 이윤이라는 명목으로 전유한다.

그렇다면 자본가의 '이윤'은 어디에서 발생하였는가?

그 답은 자명하다. 이윤은 생산과정에서 소모된 노동, 즉 잉여노동에서 발생했고, 이 잉여노동으로 인해 잉여가치가 생겨났다.[82] 그리고 자본주의 생산관계의 본질상 이 영여가치는 이윤이라는 명목으로 자본가의 몫이 된다.

이러한 점에서 맑스는 자본주의 체제가 인간의 자연적 성향에 의거한 조화로운 경제질서라는 점을 전적으로 부정한다. 나아가 그는 자본주의 체제는 노동자의 잉여노동에 대한 착취를 통해 이루어지는 착취사회라고 규정했다. 그는 애덤 스미스가 조화로운 자연적 질서인 시장에 의거하여 이루어지는 자본주의 분배원칙[83]을 전면적으로 부정하면서, 이 체제의 내재적인 경제적 운동법칙을 규명했던 것이다. 맑스는 내적 본질과 외관상으로 드러나는 현상형태 사이의 차이를 규명하는 데 중점을 두었다.

이제 독자들은 왜 그토록 노동자들이 '생산성'에 기반을 둔 임금을 요구하는지를 과학적인 근거에서 이해할 수 있게 됐을 것이다. 그리고 2차대전이 끝난 후 유럽의 거의 모든 자본주의 국가들이 '복지국가'의 건설을 외쳐댔던 이유도 잘 이해할 수 있을 것이다. 2차대전 종결 직후 유럽의 자본주의 국가들은 자신들의 체제에 대한 내적 공고화의 필요성을 절실히 체감했다. 적어도 이른바 사회주

---

82 잉여가치율은 잉여노동/필요노동 혹은 잉여노동시간/필요노동시간이다. 따라서 여기서는 4(잉여노동시간)/4(필요노동시간) =100퍼센트다. 다시 말해 노동자에 대한 착취율이 100퍼센트가 된다.
83 애덤 스미스가 제시한 분배원칙은 자본에 대한 이윤, 토지에 대한 지대, 노동자의 노동에 대한 임금이다. 그에 따르면, 자본주의 사회는 이런 분배원칙에 입각하여 조화롭게 움직이는 사회다.

의와 자본주의가 직접적, 간접적으로 대결하는 정치적 구도인 양대 진영 체제가 성립된 후 자본주의는 무엇보다도 자기 체제의 내적 강화 및 공고화를 통해 사회 구성원들의 동의를 창출해야 했다. 이러한 맥락에서 각 국가들은 케인스의 이념[84]을 적극적으로 수용하여 이를 바탕으로 자본주의 체제를 유지하고 확대했다. 맑스는 이러한 경향에서 탄생한 복지국가의 정치경제학적인 이론적 토대를 제공했던 것이다. 비록 그 자신은 자본주의 체제에서 시행되고 있는 복지국가를 부정했음에도 불구하고 말이다.

다시 맑스의 자본주의 비판 혹은 정치경제학 비판의 역사를 추적해 보자. 맑스는 1859년에 《정치경제학 비판을 위하여》를 출판했다. 앞서 언급했던 바와 같이 이 글은 '서문'에서 역사에 대한 유물주의적 관점을 간단명료하게 요약하고 있는 것으로 유명하다. 하지만 이 글 속에 들어 있는 경제이념들은 8년 후에 출간된 《자본》과 비교해 볼 때 그다지 큰 의미를 지니지 못한다고 볼 수 있다. 그런 까닭에 독자들은 이제 《자본》과 직접 대면할 필요가 있다. 이 책은 맑스의 자본주의 비판 혹은 정치경제학 비판의 결정판이라고 볼 수 있다.

----

[84] 케인스의 이념이라 함은 국가가 경기부양을 위해 경제과정에 적극적으로 개입하는 것을 의미한다. 즉 국가는 고용의 증대를 통한 사회구매력의 창출을 위해 단지 '시장'에 모든 것을 맡겨 두는 소극적 자세를 버리고 경제과정에 적극적으로 개입함과 더불어 사회구성원의 복지에 대해 중요한 역할을 담당함을 의미한다.

《자본》은 우리에게 무엇을 전달해 주고 있는가?

《자본》에 관해서는 앞에서 간단하게 언급했다. 여기서는 이 책이 담고 있는 내용과 독자에게 전달하고자 하는 메시지를 중심으로 이야기를 풀어나가고자 한다.

《자본》의 부제 역시 '정치경제학 비판' 이다. 맑스가 1857년과 1858년에 걸쳐 작성하고 1858년에 출간한 《정치경제학 비판 요강》, 1858년 8월에서 1859년 1월까지 작성하고 1859년에 출간한 《정치경제학 비판을 위하여》와 마찬가지로 《자본》 역시 '정치경제학 비판' 이라는 부제를 달고 있다. 다시 한번 지적해 두자. 맑스의 정치경제학 비판은 자본주의 사회의 내재적 운동논리에 대한 비판을 의미한다. 간단히 말해 정치경제학 비판은 곧 자본주의 경제질서 내지는 구조에 대한 총체적 비판이다. 맑스의 《자본》은 단지 하나의 경제이론의 차원에서가 아니라 고전정치경제학에 대한 '성찰적 비판사회이론' 이라는 사회과학의 차원에서 독해할 때 비로소 그 존재근거를 부여받을 수 있다.

앞서 언급한 《정치경제학 비판 요강》과 《정치경제학 비판을 위하여》에서처럼 《자본》은 고전정치경제학자의 경제이론들을 비판하고 있다. 맑스는 이 이론들의 가정들을 비판함과 동시에 더 광범위한 관점에서도 비판을 하고 있다. 《자본》은 '자본주의 생산관계들과 이에 상응하는 생산관계들 및 교류관계들' 을 연구한다. 나아가 《자본》은 '법칙 그 자체, 즉 엄정한 필연성을 가지고 작용하며 자신을 관철시키는 경향들' 을 연구대상으로 한다. 즉 《자본》의 쟁점은 '가치로서의 상품' 을 생산하는 노동의 사회적 성격을 토대로 하여 '자본의 변증법적 운동'

을 분석함에 있다. 덧붙이자면, 자본주의 사회에서 상품은 단지 사용가치만을 위해 생산되는 것이 아니라 교환가치를 위해 생산되며, 이는 곧 자본의 증식을 위한 토대 혹은 '기본 세포'를 제공해 준다. 이러한 의미에서 《자본》 제1권의 제1 단원 1장 '상품'은 매우 중요한 위상을 점하고 있으며, 이 장의 마지막 절인 4절 '상품의 물신적 성격과 이 성격의 비밀'은 특히 중요하다.

맑스는 상품에 대한 분석으로부터 정치경제학 비판을 시작한다. 그에 따르면 상품은 신비적인 물건이다. 왜 신비적인 물건인가? 그 이유는 상품 속에서 인간노동의 사회적 성격은 인간노동이 생산한 생산물이라는 대상적인 특징으로 나타나기 때문이다. 백화점에 무수히 진열돼 있는 상품의 성격에 관해 진심어린 마음으로 고민해 본 적이 있는 사람이 과연 몇이나 될까? 소비자는 자기 마음에 드는 상품을 구매하는 것 외에는 상품에 대해 별 관심을 가지지 않을 것이다. 자신이 원했던 상품을 싼값에 구매하면 기뻐하며 그 상품을 열심히 사용할 것이다. 상품이 지닌 사용가치를 충분히 향유하는 것, 그게 다다. 자본주의 사회의 토대인 '상품'의 구체적인 성격에 관해서는 아무런 관심도 가지지 않는 것이다.

맑스는 상품이 지니는 대상적 특징을 종교를 가지고 설명한다. 종교 안에서 인간두뇌의 생산물들은 인간과 동떨어진 독립적인 존재로 나타난다. 마찬가지로 인간의 사회적 관계는 한 상품의 가치로 나타난다. 그 가치가 인간관계에서 객관적이고 독립적인 것처럼 말이다. 다시 말해 종교적인 믿음을 가진 사람들이 자신의 신 앞에서 머리를 숙이듯이 이제 사람들은 상품들을 진정으로 존재하는 것 이상으로 대우함으로써 상품에 대한 '물신(物神)숭배'를 행한다.

맑스에게 있어 '물신숭배'라는 언어는 자본에 대한 인간의 관계를 은유적으로 표현한 것이며, 자본주의 아래에서 인간은 자신이 생산한 생산물에 지배당함을 의미한다. 이는 곧 인간세계에 대한 상품세계의 지배를 말한다. 상품이 지니는 물신적 성격은 단지 사회적 의식의 현상에 불과한 것이 아니며, 자본에 의한 생산이 지배적인 사회형태가 발산하는 논리적 구조와 직접적인 연관을 맺고 있음을 보여준다. 자본주의 사회에서 '돈이 인격이다'라는 외침의 의미가 과연 무엇일까? 이는 곧 '화폐가 지배한다'는 말이다.

그렇다면 이런 일은 어떻게 발생하는 것일까?

이런 현상은 인간이 자신의 욕구를 충족시키기 위해 물건을 생산하지 않고 교환하기 위해 물건을 생산하기 시작할 때 필연적으로 일어나는 현상이다. 여기서 '교환'이라 함은 단지 사용가치를 위한 교환이 아니다. 그것은 부의 축적을 위한 교환을 의미한다. 한 상품의 교환가치는 그 상품을 생산하기 위해 들인 노동량과 일치한다. 교환을 위해 생산할 때 노동의 가치는 사용가치라기보다는 교환가치가 된다. 생산물을 서로 교환할 때는 생산물 속에 대상화된 다양한 종류의 노동이 '동등한' 것으로 간주된다. 상품생산에 토대를 두고 있는 사회에서는 '사회의 생활과정'에 '신비로운 베일'이 존재한다. 맑스에 따르면 이 신비로운 베일은 인간이 '자유롭게 연합한 인간'으로, 즉 의식적으로 인간의 생산을 통제하는 방식으로 생산을 할 경우에는 존재하지 않는다. '자유롭게 연합한 인간'이 생산한 생산물의 가치는 사용가치이며 인간의 욕구를 만족시킬 뿐이다.

그러나 자본주의 사회에서는 사정이 다르다. 이 사회는 생산수단의 사적 소유에 기초하여 자본의 증식과 팽창을 요구하는 사회다. 고전정치경제학자들(애덤 스미스와 데이비드 리카도)[85]은 한 생산물의 교환가치를 이를 생산하기 위해 소모한 노동시간으로 표현했다. 이것은 틀린 지적이 아니다. 그러나 그들은 이것을 '하나의 자연법칙', 자명한 필연적인 진리로 이해했다. 하지만 맑스는 이와 같은 견해를 전적으로 부정한다. 그에 따르면 한 생산물의 교환가치는 생산과정이 인간에 의해 통제되는 대신에 인간에 대해 주인 노릇을 하는 어떤 사회를 만들어 놓는다. 《자본》의 목적은 인간 자신의 사회적 관계들에 의해 인간이 지배당하는 이러한 과정을 폭로하는 데 있다.

이 말의 의미는 무엇인가?

우리가 앞에서 언급한 사실들로 돌아가자. 맑스는 철학이 인간소외 및 인간해방을 위한 비판적 무기라고 주장했고, 자기 철학의 근본목적이 인간자유의 실현에 있음을 천명했다. 《신성가족》에서 맑스는 생산수단의 사적 소유와 이를 토대로 전개되는 개인들의 노동 교환에 기초한 경제체제는 다름 아닌 "인간의 자기소외의 경제적 표현"이라고 주장했다. 《철학의 빈곤》에서 그는 물질적 경제적

---

85 맑스는 '고전정치경제학' 을 "영국의 윌리엄 페티(William Petty), 프랑스의 부아기유베르(Boisguillebert)로 시작하여 영국의 데이비드 리카도(David Ricardo), 프랑스의 시스몽디(Sismondi)로 끝나는" 시기로 규정하고 있다.

배후에 은폐되어 있는 사회적 생산관계들이 상품에 대한 물신적 형태를 취하고 있다는 점을 이미 말하고 있다. 맑스가 《자본》에서 규명하고자 했던 점, 즉 '인간을 지배하는 어떠한 과정을 폭로하는 것'의 의미는 이러하다. 역사의 주체는 누구인가? 그것은 곧 인간이다. 인간의 노동은 창조적 행위이며, 그런 까닭에 인간은 창조적 행위자다.

그런데 자본주의 사회는 어떠한가? 인간은 인간의 노동을 통해 생산물을 창조한다. 그런데 이 생산물의 존재근거는 교환가치의 실현, 즉 자본의 증식 및 팽창에 있다. 이제 누가 누구를 지배하는가? 상품 혹은 상품의 교환가치의 실현형태인 자본이 인간을 지배한다. 다시 말해 자본이 인간의 생활양식 그 자체를 통제한다. 이제 역사의 주체는 누구인가? 그것은 곧 자본이다. 그렇다면 인간은 어떠한 존재인가? 인간은 단지 자본의 명령에 따라 행동하는 객체에 불과할 뿐이다. 결과는 무엇인가? 객체가 주제로 되고 주체가 객체가 되는 주객전도 현상이 일어난다. 이것이 곧 자본주의 사회다. 맑스가 독자에게 전달하고자 했던 메시지는 바로 이것이다.

그리하여 맑스가 저술한 다른 저작들과 마찬가지로 《자본》은 인간이 하나의 소외상태에 존재한다는 이념에 그 기초를 두고 있다. 이 소외상태에서 인간의 창조물은 인간에게 소외되고 적대적인 힘으로 나타난다. 인간은 자신의 창조물을 통제하기보다는 이 창조물에 의해 통제당한다. 간단히 말해, 자본주의 사회의 상품물신화는 자본이 지배하는 생산의 내적 구조에서 발생하며, 이 사회의 존재형태 및 본질을 말해주고 있다. 이는 곧 상품물신화 현상이 살아있는 노동과 죽은 노동을 토대로 구성된 상품교환 사회의 객관적 조건에서 비롯되는 사회적 존재 형태임을 말해 주고 있다.

이러한 전반적인 개념 내에서 《자본》은 자본주의 사회에서의 생산의 진정한 경제적 토대(자본의 증식과정)에 관해 논의를 계속하고 있다. 이 논의 과정에서 등장하는 개념이 바로 '잉여가치' 다. 앞에서 잉여가치의 발생에 관해서는 간단히 설명했다.

그렇다면 잉여가치의 증대는 어떠한 방법을 통해 이루어지는지에 관해 설명해 보기로 하자. 아마도 자본주의 사회에서 자본가가 집중적으로 연구하는 것은 딱 두 가지다. 그 첫째는 잉여가치를 증대하는 방법이고, 그 둘째는 잉여가치를 실현하는 방법이다. 한 상품 속에 아무리 많은 잉여가치가 포함되어 있다 할지라도 자본가가 이 잉여가치를 이윤의 형태로 실현시키지 않으면 그 상품은 아무런 쓸모가 없는 무용지물에 불과할 뿐이다. 산업자본의 마지막 단계인 완제품을 화폐로 회수하는 단계는 자본가가 가장 신경을 쓰고, 써야만 하는 단계다.[86]

잉여가치의 증대방법과 관련하여 이야기해보기로 하자. 자본주의에서 생산과정은 '노동과정' 과 '가치증식과정' 으로 구성되어 있다. '노동과정' 은 특정한 경제체제와 상관없이 일어나는 과정으로 역사성과는 무관한 과정이다. 다시 말

---

[86] 기업들이 엄청난 돈을 쏟아 부으면서 광고를 하는 이유에 대해 생각해 보기 바란다.

해 인간이 생활하기 위해서는 어떠한 형태로든 노동이 반드시 필요하다.

"노동과정은 (……) 사용가치를 생산하기 위한 목적합리적인 활동이니. 즉
이것은 인간의 욕구들을 위한 자연의 동화, 인간과 자연 사이에 발생하는 물
질대사의 일반적인 조건이다. 따라서 인간생활의 그 어떤 형태와는 무관하
며, 오히려 인간의 모든 사회형태들에 공통적이다."

이처럼 노동과정은 인간이 생존하는 데 필요한 하나의 조건일 뿐이며, 어떠
한 경제형태들을 취하든지 간에 공통적으로 존재하는 과정이다.

반면 '가치증식과정'은 자본주의 사회의 생산과정에 특유한 혹은 고유한 과
정으로 이 과정을 통해 자본주의 체제는 유지, 확대, 팽창된다. 이 과정이 존재하
지 않을 경우, 자본주의 경제질서는 그 어떤 의미도 가질 수 없다. 가치증식과정
은 곧 잉여가치의 생산과정 혹은 가치형성과정이다. 간단히 말해,

"자본주의 생산과정은 노동과정과 가치형성과정의 통일체로서 상품생산 과
정이다."

그렇다면 자본주의 사회에서 잉여가치의 증대는 어떠한 방식을 통해 일어
나는가? 맑스는 잉여가치의 증대 방법으로 '절대적' 잉여가치와 '상대적' 잉여

가치에 관해 논의하고 있다. 자본가가 하루에 생산을 위해 사용할 수 있는 시간은 24시간으로 고정되어 있다. 따라서 자본가는 자신의 공장을 놀리지 않고 풀가동하고자 할 것이다. 이 경우 발생하는 잉여가치를 '절대적' 잉여가치라고 한다. 예를 들어 자본가는 각 노동자의 노동시간을 8시간으로 하면서 3교대 근무를 시킬 것이다. 자본가는 이러한 과정을 통해 잉여가치를 증대시키고자 하며, 여기서 획득되는 잉여가치를 가리켜 맑스는 '절대적' 잉여가치라고 정의한다.

반면 자본주의는 기계와 분업을 도입함으로써 노동 생산력을 매우 증대시킨다. 하지만 이 증대된 생산력이 직접생산자들에게 혜택을 주지는 않는다. 예를 들어 기계와 분업이 발전하지 않은 자본주의 이전 시대에 노동자들이 생계비를 벌기 위해 하루에 8시간 일해야 했다고 가정해보자. 그들은 이 8시간을 단지 자신의 욕구 충족을 위해 소비할 것이고, 이 8시간은 자신의 생계비를 벌기 위한 '사회적 필요노동(시간)'이었다.

하지만 자본주의 체제에서는 사정이 다르게 진행된다. 주지하다시피 자본주의 체제는 생산수단의 사적 소유에 기반해 이윤을 추구하는 경제 질서다. 자본주의 체제에서 노동은 교환을 위한 상품의 생산에 맞게 조정된다. 다시 말해 자본가는 노동자의 생계비 및 노동력의 재생산에 필요한 '필요노동시간'(앞에서 든 보기에서 필요노동시간은 4시간이었다)을 단축시키고자 여러 방법을 모색한다. 그리하여 자본가는 기계와 노동분업을 도입했다. 그 결과 노동자의 필요노동시간은 4시간으로 단축되고, 4시간의 잉여노동시간이 발생한 것이다.

　이와 같이 필요노동시간을 단축시킴으로써 생산되는 잉여가치를 맑스는 ‘상대적’ 잉여가치로 정의했다. 상대적 잉여가치는 노동의 생산력과 직접적인 비례관계에 있다. 물론 자본주의 사회에서는 ‘절대적’ 잉여가치 생산방법과 ‘상대적’ 잉여가치 생산방법이 동시적으로 결합하여 자본을 증식시키는 데 기여한다. 자본가가 기계들을 도입하는 이유는 가능한 한 ‘상대적’ 잉여가치를 증대시키고자 함에 있다. 다시 말해 기계들을 도입하여 가능한 한 ‘필요노동시간’을 최소한으로 단축시키고 잉여노동시간을 최대한으로 늘리고자 함에 있다는 말이다. 맑스는 이렇게 말하지 않았던가!

　“노동 생산력의 발전을 통한 노동의 경제학은 자본주의 생산에서 전적으로 노동일의 단축을 목표로 하지 않는다. 노동의 경제학은 일정한 상품량의 생산을 위해 필요한 노동시간의 단축만을 목표로 한다.”

　잉여가치의 생산과 관련하여 맑스가 주목하고자 했던 사실은 잉여가치의 1차적인 근원이 잉여노동에 있다는 점이다. 이러한 맥락에서 슘페터는《자본주의, 사회주의 그리고 민주주의》에서 이렇게 기술하고 있다.

　“잉여가치는 노동력의 고용을 통해 창출된다. 자본은 노동력을 구매하며, 이에 대해 임금을 지불한다. 노동이라는 수단에 의해 노동자는 자기 자신에게 속하는 것이 아니라 자본가에게 속하는 새로운 가치를 창출한다. 노동자는 단지 자신의 임금에 상응하는 가치를 재생산하기 위해 일정한 시간을 노동해야 한다. 그러나 이 상응하는 가치가 회수되더라도 노동자는 노동을 중단하지 않고 일정량의 초과시간을 계속적으로 노동한다. 노동자가 이 초과시간 동안 생산한 결과 임금의 액수를 초과하는 새로운 가치가 잉여가치를 형성한다."

이처럼 맑스는 인간노동, 더 정확히 말하면 '살아있는' 노동의 관점에서 자본주의의 유지 및 확대를 분석했다. 분배의 관점에서 자본주의 사회가 이 잉여노동을 통해 창출된 잉여가치를 공동체의 유지 및 발전을 위해 서로 나누어 가진다면, 자본주의 사회에서 실제적으로 일어나고 있는 경제의 양극화 현상은 상당히 줄어들 것이다. 그러나 맑스가 주장하는 것처럼, 자본주의 사회의 분배원칙은 이미 자본주의 생산관계들(특히 생산수단의 사적 소유의 인정)에 의해 규정받기 때문에 시장을 통한 잉여가치의 공동분배는 결코 있을 수 없을 것이다. 통제되지 않는 자본주의 혹은 신자유주의적 이념에 확고한 토대를 두고 있는 자본주의 사회에서 양극화는 필연적 현상이라고 할 수 있다.[87] 자본가는 노동자의 노동력에

---

[87] 이에 대한 통계자료들은 제시하지 않겠다. 하지만 이에 대해 이미 나와 있는 상당량의 연구성과와 한국사회에서 벌어지고 있는 다양한 현상들을 한번 주목해 보기 바란다. 그렇다고 해서 도덕적 연민의 관점에서 양극화를 바라보는 것은 문제해결에 어떠한 도움도 되지 않을 것이다. 인간의 실천은 객관적이고 과학적인 사고에 그 기반을 둘 때 비로소 완성되는 것이다.

서 사용가치를 획득하고, 그 대가로 교환가치만을 지불한다. 노동력은 그 자체가 지니고 있는 것보다 더 많은 가치를 생산하기 위해 사용되는 하나의 상품이다. 그런 까닭에 자본가는 사용가치와 교환가치 사이에 존재하는 차이, 즉 잉여가치를 보유할 수 있다.

자본주의 사회에서 생활하고 있는 노동자들은 분명 노예는 아니다. 그들은 자기 의지에 따라 노동할 수도 있고 노동하지 않을 수도 있다. 그들은 그들의 자발적인 의지를 통해 계약에 응할 수 있다. 이러한 의미에서 분명 그들은 자유로운 독립적 행위자다. 이러한 논리는 적어도 노동자가 처해 있는 객관적 현실, 즉 물질적 조건들(하부구조)을 추상화시킬 때 비로소 가능한 하나의 형식논리에 불과하다. 맑스는 이렇게 말하지 않았던가! "노예노동에 토대를 둔 사회와 임금노동에 토대를 둔 사회 사이의 본질적 차이점은 단지 잉여노동이 진정한 생산자, 즉 노동자로부터 추출되는 방식에 있을 뿐이다"라고. 그리하여 그에게 있어 인간의 자유는 "불가피성과 외부의 목적 합리성을 통해 결정되는 노동이 중지되는 곳에서 비로소 실제로 시작된다." 덧붙이자면 인간의 노동이 불가피성과 외적인 목적 합리성에 의해 행해지는 곳에서는, 즉 교환가치의 창출을 위한 행위로 이루어지는 곳에서는 결코 인간의 자유는 존재할 수 없다.

여기서 맑스가 문제로 삼고 있는 것은 '정치적' 자유가 아니다. 적어도 그의 유물주의적 역사해석의 관점에서 볼 때 생산수단에 대한 사적 소유가 중심축을 형성하고 있는 자본주의 사회에서 정치적 자유 혹은 정치적인 자율적 의지는 형식에 불과할 뿐이다. 정치적 자유 혹은 평등이 실질적인 의미를 가지고 실천의 영역으로 옮겨지기 위해서는 경제적 평등이 전제되어야 한다는 점을 맑스는 우리에게 말해준다.[88] 맑스는 정치적 자유 혹은 평등 그 자체를 부정하지는 않았다. 그가 주목한 점은 이것들이 현실세계에서 얼마나 실질적으로 기능하고 있는가였다.

맑스에 따르면 자본주의 체제하에서 일어나는 생산력의 엄청난 발전은 인간에 대한 자연의 지배를 감소시키고, 비례적으로 인간의 자유를 증대시키는 것처럼 보인다. 하지만 사실 이러한 현상은 자본주의 체제하에서는 일어날 수 없다. 봉건영주를 위한 농노의 강요된 노동처럼 자본가를 위한 노동자의 강요된 노동이 존재하고 있기 때문이다.

그렇다면 봉건제에서 강요된 노동과 자본주의에서 강요된 노동의 차이점은 어디에 있는가? 봉건제에서 강요된 노동의 성격과 정도는 외관상으로 명백하게 드러나는 반면, 자본주의에서 이루어지는 강요된 노동이 지니는 억압의 성격과 정도는 은폐된다. 왜 그런가? 그 이유는 간단하다. 자본주의에서 이루어지는 강

---

88 장 자크 루소(Jean Jacques Rousseau, 1712~1778)는 《사회계약론(Social Contract)》에서 이렇게 진술하고 있다. "전체 인민의 최대 행복이 어디에 있는가에 대해 생각해 본다면, 그것은 '자유' 와 '평등' 이라는 두 개의 주요 대상으로 귀착된다. 자유가 그 대상이 되는 이유는 모든 개인의 예속은 그만큼 국가라는 정치체의 힘을 약화시키기 때문이며, 평등이 그 대상이 되는 이유는 평등이 존재하지 않고서는 자유가 존재할 수 없기 때문이다." 루소는 사회주의자가 아니다. 하지만 그는 평등이 전제되지 않은 자유는 별 의미가 없다는 입장, 즉 형식에 불과하다는 입장을 견지하고 있다. 평등에 관한 그의 진술을 더 들어보자. "평등이라는 용어는 권력과 재산의 정도가 모든 사람에게 절대적으로 동등해야 함을 의미하는 것이 아니다. 권력은 폭력으로 될 만큼 강력해서는 안 되고, 오로지 지위와 법률에 의해서만 행사되어야 하는 것으로 이해해야 한다. 재산은 어떤 사람이 다른 사람을 살 정도로 부유하지도 않고, 그 누구도 자신의 몸을 팔 정도로 가난하지 않아야 하는 것으로 이해해야 한다."

요된 노동은 법적, 정치적인 면에서 볼 때 자율적이기 때문이다. 노동자는 자신의 자발적 의지로 자본가와 계약을 맺고 노동에 임한다. 다시 말해 노동자는 자본주의 아래서 자유롭고 독립적인 행위주체이기 때문이다. 누가 그 노동을 강요했단 말인가! 노동자 자신이 노동을 원하지 않는다면 계약에 임할 필요도 없다. 그것은 노동의 자유재량에 속한다. 간단히 말해 법적, 정치적 자유 및 평등이 보장되는 한에서 노동자들은 자유롭다. 자유주의자들은 힘주어 말한다. "누가 이에 대해 이의를 제기한단 말인가?"

그러나 맑스는 이에 대해 강한 이의를 제기한다. 그는 이렇게 질문을 던질 것이다. "사회적 존재자로서의 노동자는 과연 어떠한 상황에 처해 있는가?" 맑스에 따르면 현실적인 삶의 토대라는 점에서 노동자들은 자유롭고 독립적인 행위주체가 아니다. 하나의 계급인 자본가와 관련지어 생각해 볼 때 역시 하나의 계급인 노동자의 위상은 자유롭지 못하다. 하나의 계급으로서 노동자들은 자본가들이 그들에게 제시한 약정들을 받아들여야 하며, 그렇지 않을 경우 그들은 굶어 죽는다. 동시에 더 중요한 점이 있다. 자본가들은 노동자의 노동으로부터 잉여가치가 추출되는 한에서만 노동자들을 고용할 것이다. 노동자의 노동력이 더 이상 잉여가치를 창출하지 못한다면, 그 노동자는 일자리를 가질 수 없다. 그 노동자의 노동력은 상품으로서의 가치가 없기 때문이다.

사람들은 인간의 상을 가진 자본주의를 구현하자고 말한다. 이는 인간의 존엄성이 잘 지켜지는 사회를 만들자는 말이다. 그런데 업적사회를 지향하고 있는 사회에서 이 외침이 어느 정도로 잘 구현될 수 있을까? 맑스는 추상성의 차원이 아니라 구체성의 차원에서 인간을 이야기하고 있다.[89] 맑스의 사유체계 속에서 바라볼 때 "인간의 본성은 선하다"거나 "악하다"는 따위의 말들은 의미가 전혀 없다. 인간의 행위는 사회적 환경 혹은 구조 속에서 이루어지기 때문이다. 그래서 특정한 사회질서가 한 개인으로 하여금 어떻게 행동해주기를 바라거나 강요하는가에 주목하는 것이 중요하다. 자본주의 체제는 인간에게 어떠한 행위를 요구하거나 강요하는가! 자본가는 노동자의 노동력이 잉여가치를 창출할 경우에만 노동자를 고용한다. 그렇다면 자본가는 원래 본성적으로 이윤을 향해 잔혹하고 탐욕스럽게 행동하는 인간이란 말인가? 아니다. 자본가가 효율성 및 이윤을 향해 곧바로 전진하는 이유는 자본주의 생산체제 속에 내재해 있는 경제적 법칙 때문이다. 자본가와 노동자는 '자본'과 '노동'에 인격을 부여한 결과로 사회적으로 등장했다. 이것이 바로 물신주의이며, 자본주의는 이 물신주의를 정상적인 상태로 수용하고 있다.

그리하여 맑스는 자본주의 발전을 '강제적인 관계'로 규정한다. 이 강제적

89 맑스는 '구체성'을 이끌어내기 위해 자본주의 사회의 계급구조를 '추상화'시킨다. 자본주의 사회에는 다양한 계급들이 존재한다. 하지만 이 다양한 계급들에 대해 동시적으로 분석할 경우 자본주의 사회의 본질을 파악하기가 힘들다. 따라서 맑스는 자본주의 사회에 대한 내재적 비판을 행함에 있어 두 개의 지축인 자본과 노동 혹은 자본가 계급과 노동자 계급에 대한 분석을 행한다. 그는 《정치경제학 비판 요강》에서 자신의 '정치경제학 비판'의 방법론과 관련하여 '추상에서 구체로의 상승'이라는 방법이 과학적인 방법이라고 주장한다. 맑스가 자본주의에서 실제로 존재하는 다른 계급들을 '정치경제학 비판'과 관련하여 배제시킨 이유는 자본주의 사회의 본질을 규명하기 위해서였다.

관계는 노동자로 하여금 자신이 생활하는 데 필요한 욕구보다 '더 많이 노동하도록 강요하는' 관계다. 생산자와 노동력 착취자 사이의 이 강제적 관계는 그 한계와 무모함에서 강제적인 노동에 기반을 둔 이전의 모든 생산체계들을 능가한다.

《자본》에서 가장 감동적인 부분은 맑스가 경제이론들을 설파하는 장들이 아니라 자본주의의 효율성이 초래하는 결과들을 보여주는 장들이다. 8장 '노동일'에서 맑스는 하루에 15시간 노동을 하는 7살짜리 아동들의 희생을 망각한 채 노동자로부터 점점 더 많은 노동시간을 쥐어짜내려 하는 자본가의 시도를 연대기 순으로 기록하고 있다. 그가 판단하기에 합법적으로 제한된 노동일을 보장받기 위한 투쟁은 '양도할 수 없는 인간권리'를 허풍을 떨면서 열거하는 것보다 노동자 계급에게 더 중요한 것이었다. 또 다른 장들은 분업의 증대가 지적이고 육체적인 숙련을 어떻게 제거해 버리고, 나아가 노동자를 어떻게 하나의 기계 부속품에 불과한 것으로 축소시켜버리는지에 대해 기술하고 있다. 또한 자본주의가 어떻게 '산업예비군(실업자)'을 창출하는가에 대해서도 기술하고 있다. 《자본》 제1권의 마지막 부분에는 자본주의의 암울한 모습들이 적극적인 인간의 실천을 통해 어떻게 지양되는지가 그려져 있다. 맑스는 자본주의의 법칙들이 어떻게 자본주의 체제의 몰락을 초래할 것인지에 대해 설명했다. 그는 23장에서 '자본주의 축적의 일반적 법칙'을, 24장에서 이른바 '시원적 축적'을 논의하며, 24장 7절에서 '자본주의 축적의 역사적 경향'에 관해 분석한다. 맑스는 자본가들 간의 경쟁으로 인해 독점 자본가들의 수는 줄어들고 노동자 계급의 궁핍화,[90] 압박, 노예화, 격하, 착취는 확대된다고 주장하고 있다. 이런 상황 속에서 자본주의 생산이 지니는 성격으로 인해 노동자 계급의 수는 더 늘어나고 더 잘 조직된다고 맑스는 말한다. 노동자의 상황이 열악해지면 질수록 노동자의 계급의식은 강화되고, 자본주의에 대한 저항은 조직화된다는 것이다. 그리하여 결국,

"자본주의 생산양식으로부터 발생하는 자본주의의 습득양식, 그러니까 자본주의 사적 소유는 개인적이며, 노동에 토대를 둔 사적 소유의 첫 번째 부정이다. 그러나 자본주의 생산은 자연과정의 필연성과 함께 그 자신의 부정을 생산한다. 그것은 부정의 부정이다. 이것은 사적 소유(Privateigentum)를 다시 생산하는 것이 아니다. 이것은 자본주의 시대의 성과물을 토대로 개인적 소유(individuelles Eigentum)를 생산해낸다."

맑스는 분명히 사적 소유와 개인적인 소유를 구분하고 있으며, 개인적인 소유를 협동조합, 토지의 공동소유, 그리고 노동을 통해 생산된 생산수단을 토대로 한 소유로 규정하고 있다. 이 인용문에 나타나는 '부정의 부정'은 개인적 소유에

---

[90] 맑스가 언급하고 있는 노동자 궁핍화 이론에서 궁핍화는 노동자의 절대적 궁핍을 의미하는 것이 아니다. 분명 자본주의 발전과 함께 노동자의 생활수준도 향상되었다고 볼 수 있다. 하지만 문제는 '상대적'인 차원이다. 노동자의 생활수준이 향상되는 것과는 비교할 수 없을 정도로 자본가의 부가 증대한다. 따라서 맑스가 언급하고 있는 노동자의 궁핍은 상대적 궁핍을 뜻하며, 그의 궁핍화 이론은 상대적 궁핍화 이론이다.

기반을 둔 사회의 성격을 은유적으로 표현한 것이라고 해석할 수 있다.

이제 맑스가 《자본》을 통해, 혹은 자본주의에 대한 비판적 분석을 통해 전달하고자 했던 것을 역사의 발전방향과 관련하여 정리해 보자.

맑스의 입장은 이렇다. 고전정치경제학자들과 달리 맑스는 자본주의 체제를 조화롭고 영원한 자연적 경제질서로 간주하기를 거부했다. 그에게 있어 인간에 의해 인간이 착취당하는 체제인 자본주의는 생산력의 특정한 발전국면에서 등장하는 역사적 제도일 뿐이며, 이는 자본의 변증법적 운동에 대한 부정을 통해 지양된다. 자본주의는 살아있는 노동에 대한 죽은 노동의 지배를 토대로 작동하는 소외된 인간의 초상화다. 그는 강요된 노동에 토대를 두고 있는 자본주의가 영원하게 지속되는 사회상태가 아니라는 점을 보여줌으로써 또 다른 사회단계로의 발전, 즉 인간해방이 실현되는 사회를 창출하고자 모색했다. 루카치의 해석처럼 맑스는 자본주의가 노동자를 수동적 대상화 혹은 시장화할 수 있는 상품으로 환원시킴으로써 노동자를 비인간화하는 '물화의 과정'을 비판했던 것이다. 이 비판의 결과 그는 일정한 단계의 물질적, 정신적 발전을 전제로 하는 공산주의 사회로의 이행의 역사적 필연성을 강조하고 있다.

그는 《자본》, 즉 '정치경제학 비판'에서 자본주의 사회의 내재적 운동법칙을 규명하고, 이를 기초로 사회주의 혁명으로의 필연적 이행에 대한 단서를 제공했다. 하지만 이 운동의 법칙성 자체가 사회주의로의 '자동적' 이행을 초래하는 것은 아니다. 객관적, 물질적 토대 위에 인간의 실천, 즉 정치적 실천이 가해져야 한다. 예를 들어 자본주의에서는 '이윤율 체감 경향의 법칙'[91]이 존재한다고 맑스는 지적했지만, 이윤율 저하 자체가 자본주의 체제의 붕괴를 가져다주는 것은 결코 아니다. 따라서 설령 경제공황이 발생하더라도 이로 인해 자본주의가 붕괴하는 것은 아니다. 경제공항과 함께 인간의 '실천'이 행해져야 비로소 자본주의는 붕괴할 수 있다. 이 점은 매우 중요하다.

다시 한번 되풀이하자. 경제공황이 발생했다 하더라도 노동자의 계급의식 및 계급연대감을 토대로 한 정치적 실천이 이루어지지 않는다면 자본주의는 붕괴하지 않는다. 중요한 것은 계급적 실천이다. 이러한 의미에서 자본주의의 발전에 따라 계급투쟁은 첨예한 형태를 취한다. 결국 맑스는 노골적인 언어를 동원하여 "부르주아는 자신의 무덤을 파는 사람들을 만들어낸다. 부르주아의 몰락과 프롤레타리아의 승리는 필연적"이라고 주장한다. 이 필연성은 "부르주아적인 생산관계는 사회적인 생산과정의 최종적인 모순형태"로서 "개별적인 모순이라는

....

91 맑스는 자본주의가 발전하는 과정에 하나의 경향으로서의 법칙성이 존재한다고 했다. 그것은 곧 '이윤율 체감 경향의 법칙'이다. 그는 이에 대해 《자본》 제3권 3단원의 13장, 14장, 15장에서 분석하고 있다. '이윤율 체감 경향의 법칙'에 관해 간단히 설명해보자. 이윤율(P)=M(잉여가치)/C(불변자본)+가변자본(V)이다. 각 항을 가변자본(V)으로 나누어 도식을 변형시키면,

$$\text{이윤율}(P) = \frac{M/V}{C/V + 1} \text{ 이다.}$$

분자의 '잉여가치 나누기 가변자본'은 잉여가치율이고, 분모의 '불변자본 나누기 가변자본'은 자본의 유기적 구성이다. 이 공식에서 맑스는 자본주의가 발전하면 할수록, 장기적으로 볼 때 잉여가치율의 증가율은 자본의 유기적 구성의 증가율보다 적다고 가정한다. 그리하여 그는 이윤율이 대체로 하락하는 경향이 있다고 주장했다.

의미에서의 모순이 아니라 개인들의 사회적인 존재라는 환경에서 비롯된 모순"
인 것이다. 하지만 동시에 부르주아 사회 안에서 발전하는 생산력은 이 모순을
풀기 위한 물질적 조건을 창출한다. 이 사회적인 발전으로 인해 이전의 인간사회
는 종말을 고하기 때문이라는 것이다. 이처럼 맑스는 '계급투쟁' 을 사회의 진화
에서 중심적인 과제로 설정했던 것이고, 이 점은《공산당선언》의 첫 문장에 등장
한다. "지금까지 존재한 모든 사회의 역사는 계급투쟁의 역사다."

인간의 역사는 사회적으로 자유로운 개인성에 기초한 노동이 지배하는 사
회형태로 발전할 것이라고 맑스는 보았다. 그것이 곧 공산주의 사회다. 공산주의
사회에서는 생산수단의 사회적 소유와 생산의 공동체적 성격이 처음부터 개별적
인 개인들의 노동을 사회적인 일반적 생산물로 만든다. 이 말의 의미는 구체적인
개별 노동들이 시장에 의한 교환을 통해 비로소 사회적 성격을 획득하는 것과는
달리, 공산주의 사회에서는 개별적인 구체적 노동이 처음부터 사회적 성격을 가
진다는 것이다. 또한 공산주의 사회에서는 '살아있는' 노동에 대한 '죽은' 노동
의 지배가 종식될 것이다.

자본주의 사회의 국가와 공산주의

자본주의 사회의 국가는 계급적 국가다

하나의 이론체계로서 맑스의 사상 혹은 맑스주의는 현대 서구문명과 지적탐구를 지배했던 자유주의적 합리주의에 대한 제1의 대안을 형성했다. 그런 까닭에 국제공산주의운동 안에서 하나의 정치적 힘으로서 맑스의 사상 혹은 맑스주의는 적어도 1917년[92]부터 1991[93]년까지 서구자본주의의 제1의 적으로 간주되었음은 새삼 언급할 가치가 없다. 동시에 프랜시스 후쿠야마(Francis Fukuyama)가《역사의 종말(The End of History)》에서 자유주의에 기초한 자본주의의 최종적 승리를 외쳐대지만, 실존 사회주의 국가의 붕괴가 곧 맑스주의의 죽음을 의미하는 것

---

92 러시아에서 10월 혁명이 성공한 해.
93 동유럽의 실존 사회주의 국가가 붕괴(1990년)되고, 독일이 통일(1990년)되고, 나아가 소비에트연방공화국이 붕괴(1991년)된 시기.

은 결코 아니다. 현재의 자본 지배적인 세계사적 흐름, 이른바 세계화를 들먹이며 단숨에 맑스주의의 무용성을 말하는 이들이 많다고 할지라도.

이제 맑스가 보았던 자본주의 사회의 국가는 어떠한 특징 및 기능을 가지고 작동하는가에 관해 검토해 보기로 하자. 사실 맑스는 자본주의 국가에 관한 체계적인 연구를 행하지 못했다. 그는 자본주의 경제체계를 자본, 토지, 임금노동, 국가, 대외무역, 세계시장의 순서로 고찰하고자 했다. 하지만 그의 생은 그렇게 길지 않았다. 그는 국가, 대외무역, 세계시장에 대한 체계적인 연구를 진행할 시간적 여유가 없었던 셈이다. 그럼에도 불구하고 맑스가 남긴 저작들에 등장하는 국가에 대한 언급을 통해 자본주의 사회의 국가에 대한 그의 생각을 탐색해 볼 수 있을 것이다. 맑스의 국가에 대한 이해는 헤겔의 국가 해석에 대한 비판에서 출발하고 있다는 점을 먼저 언급하고자 한다.

헤겔의 (현대)국가 이해에 관해 간단히 적어보면 이렇다. 헤겔은 《법철학(Rechtsphilosophie)》에서 현대국가가 시민사회의 구성원으로서 특수이익을 추구하는 개인들의 욕망을 만족시킴과 동시에 대의기구, 즉 의회와 같은 장치들을 통해 그들이 더 큰 전체인 국가에 참여하는 것을 가능하게 해준다고 역설했다. 또한 그는 공무원이 공공선을 위해 봉사하는 보편적 계급임을 주장했다.

나아가 헤겔은 현대국가는 종교 문제에 대해 중립적 입장을 취해야 한다고 했다. 그에 따르면 현대국가는 역사적 프로테스탄트주의의 산물로서 개인의 자유를 구현하고 있다. 국가는 개개인의 개별성을 보호하기 위해 종교적으로 중립적 입장을 취하여 개개인에게 선택권을 주어야 한다는 것이다.

하지만 프로이센 국가의 성격에 비춰볼 때 맑스는 국가에 대한 헤겔의 주장이 얼마나 위선적인 것이었는지를 '장작 절도 사건'을 통해 익히 알고 있었다. 맑스가 볼 때 공무원은 사회구성원 전체의 보편적인 이해관계를 위해 봉사하는 계급이 결코 아니었고, 법적으로 보장된 권리만을 주장하는 계급들은 가난한 자의 살점을 잘라내어 자신의 이익을 취하는 유대인 고리대금업자에 불과했다. 지방의회는 공공의 이해관계를 대변하기보다는 법적 권한을 이용하여 그 어떤 대표(권)도 가지고 있지 않은 대다수 대중의 이해관계를 희생시키면서 특정한 계급의 경제적 이해관계만을 대변하고 있을 뿐이었다.

또한 맑스가 볼 때 자유민주주의 국가에서 정치적 해방과 평등이란 진정한 의미의 인간해방을 실현하는 것이 아니기 때문에[94] 그것에 중요한 의미를 부여할 수 없었다. 정치적 해방이 진정한 의미의 인간해방이 되려면 개인의 재산권을 보장하고 있는 헌법적 질서를 부정해야만 한다. 인간불행의 원천은 시장과 이로 인해 등장한 계급에 있는 까닭에 진정으로 필요한 개혁은 형식에 불과한 '정치적

---

[94] 《사회계약론》에서 루소는 이른바 1인1표라는 원칙에 기반을 두고 있는 정치적 평등 및 정치적 자유의 의미를 이렇게 진단하고 있다. "영국의 인민들은 스스로를 자유롭다고 생각한다. 하지만 그것은 대단히 큰 착각이다. 그들이 자유로운 것은 단지 의회의 의원을 선거하는 기간에 한정될 뿐이다. 선거가 끝나는 순간부터 그들은 다시 노예가 되고, 아무런 가치도 없는 존재가 된다. 자유를 향유하는 짧은 기간 동안 영국 인민들이 어떻게 자유를 사용하는지를 살펴보면, 그들이 자유를 상실하는 것도 당연하다." 루소는 사회주의 국가 건설을 지향하지는 않았지만, 선거민주주의가 상당히 형식적인 의미만을 지니고 있다는 견해를 밝혔다는 점에서 맑스와 비슷한 생각을 가지고 있었다. 이 둘은 사회구성원들의 적극적인 참여에 기반을 둔 민주주의적 정치체제를 지지했다. 맑스에게 자유민주주의 혹은 선거민주주의는 부르주아의 이해관계에 유리하게 작용하는 제도일 뿐이다.

빚의 대가로 안토니오의 살점을 요구하는 샤일록(《베니스의 상인》). 맑스는
법적으로 보장된 권리만을 주장하는 계급들은 가난한 자의 살점을 잘라내
어 자기 이익을 취하는 유대인 고리대금업자에 불과하다고 여겼다.

개혁'이 아니라 '사회경제적 혁명'이다. 생산수단에 대한 사적 소유권과 이기심에 기초한 자본주의 사회에서 인간은 타인을 수단으로 여기고, 자기 자신도 낯선 세력들의 노리개와 수단으로 전락한, 오직 사적 인간으로 기능할 뿐이라고 맑스는 주장한다. 이러한 상황 속에서 각 개인은 공동의 이해관계를 추구하는 것이 아니라 오로지 사적 이해관계만을 배타적으로 추구하는 삶을 정상적인 삶으로 인식할 것이다. 맑스에게 있어 자본주의는 '그 자체가 탐욕의 표현인 화폐가 지배하는 생활공간'이었다. 이러한 맥락 속에서 맑스는 국가에 대한 자신의 의견을 개진한다.

맑스와 맑스주의자들은 기본적으로 국가는 사회의 경제구조와 분리하여 이해할 수 없다는 입장이다. 이는 다시 말해 자본주의 사회의 국가를 분석할 때도 유물주의적 역사개념을 기본으로 깔고 있어야 한다는 것이다. 맑스는 국가란 경제적 토대 혹은 하부구조에 의해 규정되는 상부구조의 한 부분이라고 여겼다. 상부구조인 국가는 당연히 물적 토대, 즉 사회생활의 현실적 토대인 하부구조를 상당 수준 반영한다는 것이다. 그러므로 국가에 관한 분석 역시 하부구조인 경제적 구조로부터 분리하여 고찰할 수 없다.

맑스는 자본주의 사회의 국가를 어떻게 규정하고 있는가? 크게 보아 국가에 대한 두 가지 이론이 존재한다. 그 하나의 이론은 도구주의 국가 해석이며, 또 다른 하나의 해석은 '상대적 자율성'에 입각한 국가 해석이다.

고전적 자유주의자 혹은 자유지상주의자들은 국가를 '필요악'으로, 다원주의자들은 국가를 '중립적 조정자' 혹은 '중재자' 로 간주한다. 자유주의자들은 국가가 개인의 생명, 재산, 자유를 지켜주어야 한다는 점에서 국가를 필요한 것으로 보면서도 국가가 경제에 간섭하는 것을 반대한다. 그래서 고전적 자유주의자 혹은 자유지상주의자들은 소극적 국가를 지지한다.[95] 한편, 다원주의자들은 특정한 계급적 성격 및 특징을 지니지 않은 채 사회 속에 존재하는 다양한 집단들 사이에 발생하는 갈등을 국가가 제삼자의 입장에서 조정하고 중재한다고 본다. 다원주의자들은 자본주의 사회에서 국가는 계급성을 지니지 않는다고 주장한다.

반면에 자유주의자나 다원주의자와는 달리 맑스와 맑스주의자는 자본주의 사회의 국가는 계급성을 띠고 있다고 역설한다. 이들은 국가는 계급체계로부터 발생했고, 동시에 계급체계를 반영하고 있다고 진단한다. 그리하여 국가에 대한 두 가지 해석이 맑스주의자들 사이에 유행했다. 결론부터 말하자면, 이 두 개의 국가이론은 자본주의 사회의 국가는 계급성을 지니고 있다는 주장, 즉 자본주의 사회의 국가는 자본가 계급을 위한 국가라는 주장에서 서로 의견이 일치한다.

---

95 예컨대, 이들은 국가가 사회복지를 추구하는 것에 반대하고 있다. 복지는 우선적으로 개인이 알아서 해결해야 할 문제라는 것이다. 복지자유주의는 자유지상주의와는 다른 입장을 취하고 있기는 하다. 정치이데올로기적으로 볼 때 복지자유주의는 사회민주주의 이데올로기와 연결돼 있다고 할 수 있다. 복지자유주의 입장이 아닌 자유주의 혹은 자유지상주의자들의 절대적인 구호는 "모든 것은 시장에 맡겨라"다. 이 구호와 관련하여 독자들이 자본주의의 역사적 발전에서 시장이 언제 성공하고 언제 실패했는지에 관해 생각해 보았으면 한다. 사람들은 시장의 '성공' 혹은 '실패' 라는 언어를 사용하고 있는데, 필자로서는 이렇게 사용되는 언어의 구체적인 의미가 무엇인지를 도대체 모르겠다.

그럼 국가에 대한 맑스주의자들의 두 가지 해석을 차례로 살펴보자.

그 하나는 도구주의 국가 해석으로, 1848년에 발간된 《공산당 선언》[96]에서 그 흔적을 찾아볼 수 있다. 다음 문구를 보자.

"대산업과 세계시장이 형성된 이후로 부르주아 계급은 마침내 현대의 대의제 국가에서 독점적인 정치적 지배를 획득했다. 오늘날 국가권력은 부르주아 계급의 관심사를 관리하는 하나의 위원회일 뿐이다."

이 문장은 자본주의 사회의 국가는 단지 자본가 계급의 이해관계를 관철하기 위한 도구 혹은 시녀에 불과할 뿐이라고 말하고 있다. 이는 곧 국가가 '공공의 선'이나 전체 인민의 이해관계를 도모하는 정치체가 아니라, 특정한 계급적 이해관계를 위해 움직이는 당파적 집단임을 말한다. 이러한 관점에서 볼 때 국가는 경제적 지배계급인 자본가 계급에 전적으로 의존하고 있다. 그러므로 레닌[97]의

----

96 이 선언문은 1847년 12월에서 1848년 1월까지 작성됐다.

97 블라디미르 일리치 레닌(Vladimir Ilyich Lenin, 1870~1924): 러시아의 맑스주의 이론가이자 활동적 혁명가였다. 볼셰비키당의 지도자로서 레닌은 1917년에 러시아 볼셰비키 혁명을 지휘했고, 소련의 첫 번째 지도자가 되었다. 맑스주의자로서 그가 행한 공적은 혁명적 혹은 전위대적 당 이론이었다. 이 이론은 《무엇을 할 것인가?(What is to be done?)》(1902)를 통해 만날 수 있다. 경제적 현상으로서 식민지주의에 대해 그가 행한 분석은 《제국주의, 자본주의의 최고발전단계(Imperialism, the Highest Stage of Capitalism)》(1916)에 들어 있다. '사회주의로의 선동적인 길(insurrectionary road to socialism)'에 대해 그가 가진 확고한 생각은 《국가와 혁명(State and Revolution)》(1917)을 보면 알 수 있다. 어떤 사람들은 레닌을 스탈린과 같은 억압의 선구자로 간주하는 반면, 어떤 사람들은 레닌을 관료제에 대한 비판가이자 토론과 논쟁을 옹호한 인물로 본다.

표현대로 국가는 "피착취계급을 억압하기 위한 도구"일 따름이다.

또 다른 하나의 국가 해석은 좀 더 복잡하고 미묘한 해석으로, 1848년과 1851 년 사이에 프랑스에서 일어난 혁명적 사건에 대한 분석을 담은 맑스의 저서 《루 이 보나파르트의 브뤼메르 18일(Der achtzehnte Brumaire des Louis Bonaparte)》 (1852)[98]에서 찾아볼 수 있다. 그는 이 글에서 국가가 단지 경제적 지배계급의 도 구가 아니라 이 지배계급으로부터 '상대적 자율성(relative autonomy)'을 누릴 수 있다는 점을 시사했다. 맑스에 따르면 나폴레옹 국가는 자신의 의지를 사회에 강요할 수 있었다. 이 국가가 어떤 계급의 계급적 이해관계를 표현했다면 그것은 부르주아 계급의 이해관계가 아니라 프랑스 사회에 존재하는 가장 대중적 계급 인 소농민의 이해관계였다. 물론 이러한 견해를 맑스는 더 상세하고 체계적으로 발전시키지는 않았다. 이러한 관점에 입각해 볼 때 국가는 갈등관계에 있는 계급 들 사이를 매개하는 것처럼 보인다는 점에서 상대적 자율성을 가진 셈이라고 볼 수 있다.

간단히 말해 맑스는 모든 국가가 단지 자본가 계급의 이해관계를 관철시키 는 도구에 불과한 것은 아니라고 봤다. 단 분명한 것은 자본주의 사회의 국가는 자본가 계급의 이해관계를 위해 활동하고 있다는 점이다.

맑스가 남긴 유산으로 인해 현대의 맑스주의자 혹은 신맑스주의자(neo-

---

98 이 글은 1851년 약 12월에서 1852년 3월 25일까지 작성됐다.

marxist)[99]는 국가 및 국가권력의 성격과 기능에 관해 지속적으로 분석했다. 이탈리아의 맑스주의자인 안토니오 그람시(Antonio Gramsci)는 지배계급의 지배가 노골적인 강제에 의존하기보다는 이데올로기적 조작에 의해 달성되는 정도에 주목했다. 그람시에 따르면 자본주의 사회에서 지배계급의 지배는 일반적으로 헤게모니, 즉 지적 지도 혹은 문화적 통제를 통해 유지되며 그 과정에서 국가는 자본가 계급의 지배를 위해 중요한 역할을 수행한다.

1960년대와 1970년대 초에 랠프 밀리반드(Ralph Miliband)와 니코스 풀란차스(Nicos Poulantzas)는 도구주의적 관점과 구조주의적 관점을 가지고 논쟁을 벌였다. 밀리반드는 국가를 지배계급의 대리자 내지는 도구로 간주했다. 그는 영국 사회를 분석하면서 국가엘리트가 불균형적으로 특권층과 재산가 집단에서 충원되는 정도를 강조함으로써 국가의 도구적 성격을 부각시켰다. 반면 풀란차스는 경제적, 사회적 구조가 국가의 자율성을 제한하는 정도에 주목했다. 그에 따르면 국가는 국가가 기능하는 데 필요한 사회제도를 유지시키기 위한 행동을 할 수밖에 없다. 다시 말해 자본주의 사회에서 국가의 역할은 곧 자본주의의 장기적 이해관계에 봉사한다는 것이다. 하지만 국가가 자본가 계급의 이해관계를 위해 활동한다면 분명 저항을 초래할 것이다. 그래서 국가는 공공선 혹은 인민을 위한 정부라는 구호를 내걸고 민주주의 권리들과 복지정책을 펼친다. 이 두 가지 제도

---

99 국가 해석과 관련하여 일반적으로 국가의 '상대적 자율성'을 인정하는 맑스주의자들을 의미한다.

는 노동자 계급의 저항에 대한 양보로 볼 수 있을 것이다. 하지만 동시에 국가는 이런 제도의 도입 및 확대와 더불어 자본주의 체제에 충실하게 순응하게 하는 의무를 노동자 계급에 부과한다.[100]

다소 협소한 계급적 관점의 해석에서 벗어나 제숩(Bob Jessop)과 같은 신맑스주의자는 국가를 이해세력, 집단, 계급 사이에서 투쟁이 일어나는 영역으로 규정했다. 그는 국가를 계급적 긴장을 기만하는 것을 통해 자본주의를 영속화시키는 수단으로 해석하기보다는 '정치적 전략들의 결정화', 즉 제도의 집합으로 정의했다. 그에 따르면 자본주의 사회에 존재하는 경쟁적 집단과 이해세력은 이 제도의 집합을 통해 지배와 헤게모니를 장악하기 위해 투쟁하며, 국가는 주어진 시간 내에서 힘의 균형을 반영하는 '동적' 존재이자 '진행 중'인 '헤게모니 투쟁'의 산물이다. 따라서 국가는 지배계급에 의해 행사되는 하나의 '도구'가 아니라는 것이다.

맑스는 자본주의가 분명 계급적대에 기초하고 있으며 적대적 계급관계 속에서 국가는 분명 자본가 계급의 이해관계를 위해 활동한다는 점을 인정했다. 그

---

100 프랑스의 맑스주의자(구조주의 맑스주의)인 루이 알튀세르(Louis Althusser)의 견해에 따르면, 자본주의의 유지는 지배계급이 지니는 두 가지 능력에 달려 있다. 그 첫째는 '현존하는 질서규범에 대한 복종, 즉 노동자 계급을 지배 이데올로기에 복종시키는 능력'이며, 그 둘째는 '지배 이데올로기를 억압과 착취의 매개체로서 조작하고 사용할 수 있는 능력'이다. 그리하여 알튀세르는 국가를 '억압적 장치'(예: 군대와 경찰)와 '이데올로기 장치'로 구별한 다음 교육, 법률, 종교, 노동조합, 대중매체 등과 같은 '이데올로기적 국가장치'가 지니는 지배메커니즘에 관해 논의하고 있다. 문화제도 일반이 행하는 결정적인 기능은 바로 지배계급의 이데올로기를 전달하면서 그 이데올로기를 대중화하는 것이라는 게 알튀세르의 견해다.

러나 이 계급적대가 사라질 때 국가는 사라질 것이라고 전망했다. 이런 그의 전
망은 공산주의 사회의 건설과 깊은 연관성을 가지고 있다.

공산주의, 인간해방의 최종단계_자유와 도덕성의 회복을 위해

엥겔스는 역사에 대한 유물주의적 개념과 잉여가치에 대한 교의가 맑스가 행한
최고의 이론적 발견이었다는 점을 지적했다. 그가 맑스의 추도식에서 했던 연설
을 떠올려보자.

> "맑스는 무엇보다도 혁명가였다. 그의 필생의 임무는 이런저런 방식으로 자
> 본주의 사회와 자본주의 사회를 존재하게 하는 국가제도들을 무너뜨려서
> 프롤레타리아를 해방시키는 일에 기여하는 것이었다."

맑스 사상의 충실한 대변자로 혁명가이자 이론가인 로자 룩셈부르크(Rosa
Luxemburg, 1870~1919)[101]는 "내 이상은 모든 사람을 사랑하며 살 수 있게 하는
사회질서 확립이다. 이를 추구하면서, 그리고 이러한 이상의 이름으로 나는 언젠
가 증오할 수 있게 될 것"이라고 고백했다. 그렇다. 맑스는 인간의 '살아있는' 노
동과 '사랑'이 인간의 삶을 지배하는 원천인 사회를 그리면서 자본주의 사회를

---

[101] 폴란드계 유대인. 독일사회민주당에서 활동한 이론가이자 혁명가. 1919년 독일공산당을 창당하였으나 우
익 민병대에 체포되어 살해당했다.

로자 룩셈부르크

중오했던 것이다. 하지만 맑스의 중오는 단지 중오에 그치지 않았다. 중오는 후에 실천적 의지, 즉 혁명으로 승화되었다.

인간의 살아있는 노동과 사랑이 지배하는 사회, 그리하여 인간이 인간으로서의 삶을 영위하는 사회는 어떤 모습일까? 맑스는 어떠한 형태의 사회가 자본주의 사회를 대신하여 등장하기를 소원했는가? 이에 대한 대답은 너무나 간단하다. 단 하나의 단어로 표현할 수 있는 그 사회는 바로 '공산주의 사회' 다. 하지만 이 단어에 담긴 뜻을 고려해 볼 때 맑스가 바랐던 공산주의 사회가 무엇을 의미하는지를 정확하게 대답하기란 그렇게 쉬운 문제가 아니다.

맑스는 역사발전의 계기가 이념의 발전보다는 생산력의 발전에 빗지고 있다는 점을 강조했다. 이는 '이론' 이 중요하지 않다는 게 아니다. 맑스의 임무가 자본주의의 전복과 프롤레타리아의 해방에 기여하는 것이었다면, 역사 및 경제학에 대한 그의 이론들은 노동자들에게 그들이 행해야 할 역할을 보여줌으로써, 그리고 자본주의가 그들을 착취하는 방식을 깨닫게 함으로써 프롤레타리아 해방을 이루려는 의도를 담고 있다. 그의 이론은 역사 및 경제학의 체계를 정립함으로써 기존의 현실을 기술하고 비판했다. 그러나 이론이 현실을 뛰어넘어 앞서서 목표에 도달한다고 해서 현실이 당장 바뀌는 것은 아니다. 그런 까닭에 앞으로 도달해야 할 공산주의 사회의 구체적 모습에 대해 맑스 역시 많은 고민을 했을 것이다.

그는 미래의 공산주의 사회에 대한 청사진을 제시함으로써 공산주의 사회

건설을 추구했던 사회주의자들을 '공상주의자(utopian)'라고 비웃었다. 그는 자신이 추구하는 사회주의 형태를 '과학적'이라고 주장했는데, 그 이유는 자신의 사회주의가 사회주의를 존재하게 할 역사법칙에 대한 지식을 세웠기 때문이다.[102] 또한 동일한 이유를 들어 맑스는 단결된 노동자 계급이 혁명에 참가할 준비가 되어 있는 지점까지 사회의 경제구조가 발전되기도 전에 권력을 장악하고 사회주의를 도입하고자 했던 '음모적' 혁명가들을 비난했다. 맑스에 따르면 혁명은 객관적 및 물질적 토대를 필요로 한다. 이 토대가 성숙할 때 비로소 정치적 실천을 위한 행동이 일어난다는 것이다. 그래서 그는 이러한 객관적 토대들을 무시한 사회주의 국가 건설은 공상에 불과할 뿐이라고 말했다.

....

102 맑스와 엥겔스는 '과학적 사회주의'에 대한 책자를 프랑스 사회주의자인 폴 라파르그(Paul Lafargue)의 제안을 받아 1880년 1월에서 3월 중순까지 작성했다. 맑스는 불어판 머리말에서 이 책자를 《과학적 사회주의 입문서(Einführung in den wissenschaftlichen Sozialismus)》로 칭했다. 1883년에 엥겔스는 자신이 준비한 이 책자를 《공상에서 과학으로의 사회주의 발전(Die Entwicklung des Sozialismus von der Utopie zur Wissenschaft)》이라는 제목의 독일어판으로 출판했다. 엥겔스가 직접 교정한 이 책자는 4판(1891년)까지 출간되었다. 맑스와 엥겔스는 이 글에서 '공상적' 사회주의의 발전, 과학적 사회주의의 근본적인 원칙으로서의 역사적 유물주의에 관해 설명하면서, '공상적' 사회주의와 '과학적' 사회주의의 차이점을 간결한 문체로 논하고 있다. 맑스와 엥겔스는 '프롤레타리아 혁명'이라는 결론 부분에서 이렇게 적고 있다. "모순의 해결, 즉 프롤레타리아가 사회적 권력을 장악하고, 이 권력을 이용하여 부르주아의 수중에 있는 사회적 생산수단을 공적 소유로 전환한다. 이 행위를 통해 프롤레타리아는 지금까지 존재했던 자본의 속성으로부터 생산수단을 해방시키며, 생산수단의 사회적 성격을 관철하기 위해 생산수단에 완전한 자유를 부여한다. (……) 사회적 생산의 무정부성이 사라지는 정도로, 정치적 권위 역시 잠들게 된다. 드디어 자신의 사회적 존재의 주인이 된 인간은 이로써 자연의 주인, 자기 자신의 주인이 된다. 즉, 자유로워지는 것이다. 이러한 세계해방이라는 업적을 수행하는 것이 현대 프롤레타리아의 역사적 사명이다. (……) 오늘날 억압당하고 있는 계급에게 자신의 행동 조건들과 성격을 일깨워 주는 것은 프롤레타리아 운동의 이론적 표현인 과학적 사회주의의 임무다." 간단히 말해 과학적 사회주의는 프롤레타리아트 혁명이라는 실천을 위한 무기인 것이다. 여기서 이론과 실천의 변증법적 통일이라는 맑스와 엥겔스의 기본사상을 잘 알 수 있다.

따라서 맑스는 자신의 역할을 노동자 계급의 혁명의식을 고양시키고, 조건이 갖춰졌을 때 일어날 혁명에 대한 준비를 하는 것으로 한정시켰을 수 있다. 그는 자신이 과거와 현재를 지배하는 근본적인 법칙들을 기술할 수 있을 것이라고 생각했다. 그러나 그 역시 자신의 의지를 역사과정에 강요할 수 없다는 걸 알고 있었다. 그래서 그는 새로운 시대의 자유로운 인간에 의해 세워지게 될 '신사회'가 취할 형태를 예언할 수 없었다.[103]

맑스는 《경제-철학 수고》에서 공산주의를 '풀려진 역사의 수수께끼', 이전에 존재했던 역사에 걸쳐 존재했던 다양한 갈등들(인간과 자연 사이의 갈등, 인간과 인간 사이의 갈등, 자유와 필연성 사이의 갈등, 개인과 종 사이의 갈등)의 해결로 기술했다.

그렇다면 공산주의에 대한 이러한 개념화는 전적으로 공상에 불과한가? 아니다. 맑스 역시 이 모든 문제들이 공산주의 사회로의 이행과 함께 일시에 사라질 것이라고는 생각하지 않았다. 그는 분명 공산주의를 역사의 목표로 설정하고 모든 문제들에 대한 '하나의' 해답을 이 체제 속에서 찾고자 했다. 그가 공산주

---

103 '신사회'에 대한 맑스의 설명은 《고타강령 비판》, 즉 《독일 노동자당의 강령에 대한 비평들(Randglossen zum Programm der deutschen Arbeiterpartei)》에 비교적 자세하게 나타나 있다. 이 글은 '기회주의에 대항하여 화해할 수 없는 싸움을 위한 범례'다. 맑스는 이 글에서 미래의 통일된 사회민주주의 노동자당의 강령 초안에 대해 비판적인 평가를 하고 있다. 동시에 그는 맑스주의 국가이론 및 혁명이론을 계속 발전시키고 있으며, 처음으로 공산주의 사회의 두 가지 단계에 관한 생각을 정식화하고 있다. 이 글은 1891년에 처음으로 엥겔스에 의해 출간된다. 이 글에서 맑스는 공산주의 사회로의 이행과 관련하여 이렇게 제시하고 있다. "자본주의 사회와 공산주의 사회 사이에 하나의 단계에서 다른 단계로의 혁명적인 전환의 시기가 놓여 있다. 하나의 정치적 이행시기 역시 이 전환과 일치하며, 이 이행의 시기에서 국가는 단지 프롤레타리아의 혁명적 독재일 뿐이다."

의 사회를 통해 추구하려 한 것은 인간에 의한, 인간에 대한 착취체제의 지양이
었다. 다시 말해 노동으로부터 인간을 해방시키고 진정한 자유로 나아가는 것이
다. 이를 위해 그는 역사의 발전법칙 내지는 자본주의 경제의 내재적 발전법칙을
연구했다.

어떤 사람들은 《독일 이데올로기》에 적혀 있는 문장들을 제시하면서 거기에
맑스의 공산주의 사회에 대한 공상적 개념 혹은 정치적 낭만주의가 잘 드러나고
있다고 주장할 것이다. 그 문장은 이렇다.

"공산주의 사회에서 각자는 그 어떤 배타적인 활동범위를 가지는 것이 아니
라 원하는 분야에서 자신을 수양할 수 있다. 그리고 사회가 전체적인 생산을
통제하는 까닭에 각 개인은 즐거운 마음으로 오늘은 이 일을, 내일은 저 일
을, 아침에는 사냥을, 오후에는 낚시를 하고, 저녁에는 소를 몰고 식사 후에
는 비판을 할 수 있게 된다. 사냥꾼, 어부, 목동, 혹은 비평가가 되지 않고서
도."

이 문장은 분명 상당히 낭만적인 색채를 갖고 있다. 사실 이 문장 자체를 그
대로 해석할 경우, 맑스가 제시하고 있는 공산주의 사회가 상당히 '공상적'이라
는 생각을 지워버릴 수 없을 것이며, 또한 그 공산주의는 아주 전원적인 이미지
를 가진 목가적 공산주의일 것이다. 그러나 맑스는 소박한 꿈이나 머릿속에서 그

리는 몽상가가 결코 아니었다.

도대체 맑스는 이 문장을 통해 독자에게 무엇을 전달하고자 했을까? 앞에서 되풀이하여 지적한 바와 같이 자본주의 사회는 분업과 강요된 노동을 토대로 자신의 제국을 확대 내지는 팽창시킨다. 이 과정에서 노동자 계급은 소외된 존재로 타락한다. 그들의 살아있는 노동은 죽은 노동의 지배를 강요받으며, 그들은 단지 죽은 노동의 명령에 따라 행동할 뿐이다. 생산수단의 사적 소유에 기초한 자본주의 사회는 노동자 계급을 단지 생산을 위해 필요한 도구로 간주하며, 기계의 도입과 이에 따른 분업을 통해 생산력을 더욱 발전시킨다. 이러한 상황들을 고려해 볼 때 맑스가 이 인용문을 통해 전달하고자 했던 공산주의 사회는 적어도 강요되고 소외된 노동에 기초한 분업이 지양된 사회형태인 것이다. 나아가 맑스는 이러한 분업의 지양을 통해 공산주의 사회에서는 개별적인 개인들의 특수한 이해관계와 사회의 공동 이해관계 사이에 존재하는 균열이 사라질 것이라는 점을 강조하고 있다.

맑스는 비판의 무기로 철학을 선택했지만, 그가 의도했던 궁극적인 목표점은 인간과 인간, 개인과 종 사이에 존재하는 갈등이 해소된 공산주의 사회였다. 이 점이야말로 맑스가 제시하는 공산주의의 모습에서 결정적으로 중요한 사항이다. 다시 말해 맑스가 그린 공산주의 사회는 개인의 이해관계와 공동체의 이해관계가 일치하는 사회라고 규정해 볼 수 있다. 공산주의 사회로의 이행을 위해 맑스가 그토록 열렬하게 생산수단의 사적 소유의 폐지를 주장했던 이유도 사적 소

유가 존재하는 가운데서는 결코 개인의 이해관계와 공동체의 이해관계가 일치될
수 없고, 또한 개인의 해방도 이뤄질 수 없다고 보았기 때문이다. 이러한 맥락에
서 맑스는 《공산당선언》에서 공산주의 사회로의 전환을 위해서는 '전체의 생산
양식을 변혁하기 위한' 불가피한 조치들을 행해야 한다고 주장했다. 즉,

1. 토지를 몰수하고 지대를 국가지출로 활용
2. 고율의 누진세
3. 상속권 폐지
4. 모든 망명자와 반역자들의 재산 몰수
5. 국가자본과 배타적인 독점을 가진 국립은행을 통해 신용을 국가 수중으로 집중
6. 운송제도를 국가 수중으로 집중
7. 국영공장과 생산도구들의 확충, 공동계획에 따른 토지 개간과 개량
8. 모든 사람에게 동등한 강제노동, 산업군대, 특히 농업을 위한 산업군의 설립
9. 농업과 산업 경영의 결합, 도시와 농촌의 차이를 점진적으로 해소하기 위한 노력
10. 모든 아동에 대한 무상 공공교육, 현재의 형태로 이루어지는 아동의 공장노동 폐지, 교육과 물질생산의 결합 등

맑스에 따르면 정치적 권력은 원래 '다른 계급을 억압하기 위한 한 계급의 조직화된 권력'이다. 그러나 이 권력은 모든 생산들이 서로 연합한 개인들의 수중으로 집중될 경우 그 정치적 성격을 상실하고 사회구성원들 전체의 이해관계를 실현하는 하나의 수단으로 된다고 맑스는 말한다. 덧붙이자면 공산주의는 이전의 모든 생산관계와 교류관계의 토대를 전복시키고, 모든 자연발생적인 전제조건들을 지금까지 존재해 온 인간의 창조물로서 인식하며, 이 전제조건들이 가졌던 자연적 성격을 걷어내어 버리고, 이것들을 다시 단결된 개인의 힘 아래로 복속시키는 제도다.

개인과 공동체의 문제를 해결하기 위한 제안을 통해 맑스는 플라톤[104]까지 거슬러 올라가는 도덕철학의 전통에 기여했다. 플라톤은 개인의 행복이 덕을 행하고 공동체에 봉사할 때 발견된다고 주장했다. 그리하여 그는 행복에 대한 개인의 관심과 공동체의 필요 사이에 존재하는 조화를 발견했다. 맑스는 개인의 이해관계와 공동체의 이해관계 사이의 분할이 사회적 생활의 필연적인 국면이라기보다는 인간발전의 특정한 단계에서 나타나는 특징이라고 생각했다. 하지만 자본주의는 모든 것을 하나의 공동체로 전환시키면서 갈등을 절정에 이르게 했다는 것이다. 즉 이 갈등은 인간과 인간 사이의 연결을 단지 노골적인 이기심 혹은 '냉

----

104 귀족 가문에서 출생한 그리스의 철학자. 기원전 399년 소크라테스가 사망한 후 그는 새로운 아테네의 지배계급을 교육하기 위해 학교를 건립했다. 그는 물질세계는 추상적이며, 불변적인 이념들의 불완전한 복사판으로 구성되어 있다고 했다. 《국가(The Republic)》와 《법률(The Laws)》에서 상세하게 기술되고 있는 그의 정치철학은 정의론에 입각하여 이상국가를 묘사하고 있다.

정한 현금지불' 관계로 나타나게 했다는 것이다.

여기서 한 가지 사실을 되새겨보자. 맑스의 관점에서 볼 때 사회는 대립되는 세력 사이에 발생하는 균형상태로서 투쟁은 모든 사물의 근본인 것이며, 사회적 갈등은 역사과정 및 역사발전의 원동력이다. 인간은 생존하기 위해 자연과 투쟁하며, 그 과정에서 서로 관계를 형성한다. 그런데 이 관계는 인간이 대면하고 있는 생산활동의 발전단계에 따라 달라진다. 인간사회에서 분업이 발생함에 따라, 그리고 이 분업이 지배적인 사회적 관계의 중심적인 부분이 됨에 따라 역사발전 과정에서 두 개의 적대적인 행위자 내지는 계급이 등장하게 된다. 맑스에게 투쟁 혹은 대립은 단지 가난한 사람과 부유한 사람 사이의 투쟁만은 아니었다. 이러한 투쟁은 역사의 특정한 발전국면에서 어떠한 특수한 역사적 계급이 등장하는가에 따라 달라진다.

그리하여 자본주의 사회에서 자본가 계급과 노동자 계급이 등장한 것이다. 동시에 이 둘 사이의 계급적 이해관계에 대한 투쟁이 발생한다. 맑스는 자본가 계급의 이해관계는 노동자 계급의 이해관계의 착취 위에서 이루어진다고 보았다. 또한 자본가 계급의 이해관계는 하나의 특수한 이해관계인 반면, 노동자 계급의 이해관계는 보편적 이해관계라고 간주했다. 왜냐하면 자본주의 사회에서 자본가의 몫인 '이윤'의 실체가 생산과정에 투하된 잉여노동의 산물이기 때문이다.

그렇다면 맑스는 사적 이해관계와 공공의 이해관계 사이의 대립이 어떻게 극복될 수 있다고 생각했는가? 이 대답 역시 간단하다. 그것은 곧 사적 소유의 폐지를 통해서다. 맑스는 이렇게 질문한다. "부르주아적 사유재산은 무엇을 의미하는가?" 그리고 이렇게 답한다. 사유재산은 임금노동이 창조하는 자본, 즉 임금노동을 착취하는 재산이며, 자본과 임금노동의 적대에 그 토대를 두고 있는 재산이다.[105] 동시에 이 사적 소유의 폐지 혹은 공산주의는 맑스의 역사에 대한 유물주의적 개념에 그 토대를 두고 있다.

즉 맑스의 역사관에 따르면 사회의 경제구조가 변함에 따라 모든 의식이 변한다. 탐욕, 이기심, 그리고 질투는 인간의 성격에 영원히 깊이 스며들어 있는 것이 아니다. 이 성격들은 사적 소유와 사적 생산수단이 공동소유와 사회적으로 조직된 생산수단에 의해 대체되는 사회 속에서 사라질 것이다. 공산주의 사회의 구성원들은 그들 자신의 행복을 모든 사람의 복지를 위해 일하는 것에서 발견할 것이며, 따라서 이 사회는 새로운 인간상의 모습 속에서 새로운 도덕적, 윤리적 기초를 가질 것이다. 이러한 관점에서 레닌은 맑스주의가 어떤 윤리적 판단이나 전제들로부터 해방되어 있는 하나의 과학적인 체계라고 주장했다.

맑스에 따르면 모든 시대의 지배적인 사상이 항상 지배계급의 사상이었던 것과 마찬가지로 한 사회를 지배하고 있는 '도덕'은 '부르주아적 편견'이다. 또한 이 편견은 경제구조에 의해 생겨나며, 나아가 지배계급의 이해관계들을 촉진

---

105 《공산당선언》에서 맑스는 이렇게 말한다. "자본가 계급의 존재와 지배를 위한 본질적 조건은 자본의 형성 및 증대이며, 자본의 조건은 임금노동이다." 자본과 노동의 의인화 내지는 인격화로 인해 자본가 및 노동자가 등장하며, 이는 곧 물화를 의미한다.

시키는 데 봉사한다. 따라서 '도덕' 은 계급적 도덕에 불과할 뿐이다. 그렇다고 해서 이 말을 맑스가 모든 도덕을 거부했다는 뜻으로 이해해서는 안 된다. 그가 거부한 도덕은 지배계급의 이해관계에 봉사하는 도덕이었다. 그러므로 맑스가 제시하고 있는 새로운 인간상은 계급적 도덕을 초월하는 '진정한 인간의 도덕' 에 기초해 있다.

이 새로운 도덕성은 이전의 도덕성과는 매우 다른 성격을 지니고 있다. 이 도덕성은 최대 다수의 최대 행복을 주장하는 공리주의자들의 도덕성과는 다르다. 맑스가 주장하는 새로운 도덕성은 '각 개인의 자유로운 발전이 모든 사람의 자유로운 발전을 위한 전제' 가 되는 도덕성, 즉 인간의 자유가 전제되는, 혹은 인간의 자유와 결부되는 도덕성이다. 하지만 생산수단의 사적 소유를 기반으로 하는 자본주의 사회에서 사람들에게 공동의 이해관계를 위해 행동할 것을 제안하는 것은 곧 사람들에게 각 개인의 이해관계에 반하여 행동할 것을 제안하는 셈이다. 따라서 공동체의 이해관계를 추구하도록 지시하는 도덕성은 곧 개개인의 개별적인 이해관계를 추구하고자 하는 도덕성과 대립한다. 그러므로 자본주의 사회에서 도덕성은 짐이 되는 어떤 것을 함축하고 있는 것으로 간주된다. 맑스는 도덕성이 지니는 이러한 모순이 공산주의 체제 아래서는 사라질 것이라고 주장했다. 왜냐하면 개인의 이해관계와 공동의 이해관계 사이의 간극이 공산주의 사회에는 존재하지 않기 때문이다.

생산력과 공산주의

《고타강령 비판》에서 맑스는 분업에 대한 개인들의 노예적 종속의 종말과 노동이 '단지 생활의 수단에 불과한 것이 아니라 생활의 제1의 욕구'가 되는 그러한 시점을 예견한다. 나아가 그는 이 글에서 공산주의 사회의 분배원칙, 즉 '각자가 자신이 지닌 능력에 따라 일하고 자신의 욕구에 따라' 분배하는 원칙을 제안하고 있다.

그런데 여기서 한 가지 주목해야 할 사실이 있다. 맑스에 따르면 자본주의에서 사회주의로의 이행은 생산력과 생산관계의 대립 및 모순이 극도에 달했을 때 발생한다. 다시 말해 노동자의 노동력이 자신이 행한 생산력의 가치를 인정받지 못하고, 생산관계(소유관계)에서의 불평등의 심화로 인해 노동력이 발생한다는 말이다. 달리 표현하면 맑스가 공산주의 사회에 관해 말하고 있는 모든 점들은 물질적 풍요를 전제로 하고 있다.[106]

그리고 마찬가지로 잊지 말아야 할 중요한 사실이 있다. 그것은 곧 맑스 사상체계의 출발점이자 근간을 형성하고 있는 역사에 대한 유물론적 해석이다. 이 유물론적 해석은 거듭해서 '역사의 발전 및 변화는 생산력의 발전이라는 추동력

---

[106] 맑스의 혁명이론은 이른바 중심부 혁명이론이다. 즉, 혁명은 자본주의가 고도로 발전한 단계에서 생산력과 생산관계의 모순의 심화로 인해 발생한다는 것이다. 따라서 이론적으로 볼 때, 공산주의 사회는 생산력의 발전이 자본주의보다 더 높은 단계에서 이루어진다고 볼 수 있다. 물론 맑스의 혁명이론은 현재까지 진행된 역사적 사실로 볼 때 적중했다고는 할 수 없다. 혁명은 러시아와 같이 자본주의가 덜 발전된 국가에서 일어나 성공했기 때문이다.

에 의해 이루어진다' 고 강조하지 않았는가! 사회의 한 형태에서 다른 형태로의 변화는 기존의 사회구조가 더 나은 생산력의 발전에 대한 하나의 족쇄로 기능할 때 발생한다.

예를 들어 설명해 보자. 자본가 계급은 자신이 가진 자본을 증식시키기 위해 노동력을 필요로 할 것이다. 하지만 봉건제적 질서에서 노동력의 사용은 제한적이다. 농노는 영주의 소유물이기 때문이다. 따라서 자본가 계급은 생산에 필요한 노동력을 자유롭고 풍부하게 획득하기 위해 봉건제적 사회구조에 대항한다. 봉건제적 질서 및 사회구조는 자본의 증대에 적절한 사회구조가 아닌 것이다. 그리하여 자본가 계급은 자유와 평등의 깃발을 내세우고, 생산력의 발전을 위해 족쇄가 되는 사회를 전복시키는 것이다. 즉,

"부르주아는 생산도구들, 그러니까 생산관계들을, 나아가 전체의 사회적 관계들을 지속적으로 혁명화하지 않고서는 존재할 수 없다."

그리하여,

"지배를 획득한 곳에서 부르주아는 모든 봉건적, 가부장제적, 전원적 관계들을 부숴버렸다. 부르주아는 인간을 타고난 상전들에게 묶어 놓는 잡다한 봉건적 끈을 가차 없이 끊어버렸고, 인간과 인간 사이의 모든 관계를 적나라

한 이해관계, 무정한 '현금지불' 관계로 만들어 놓았다."

이처럼 역사는 생산력의 발전에 장애가 되는 관계들을 부숴버린다. 생산력의 발전은 곧 역사의 발전이 일어나는 방식이며, 새로운 사회발전 단계로의 이행을 위한 조건이다. 그러면 공산주의 사회는 어떠한 사회발전 단계인가? 헤겔에 있어서 역사가 '절대정신'의 구현에서 그 끝을 보는 것처럼, 맑스에 있어 공산주의는 계급적대에 기초한 계급투쟁이 그 종말을 알리는 사회의 마지막 형태다.

공산주의는 자본주의가 무자비하게 만들었던 극적인 발전 위에서 생산력의 가장 완전한 발전을 추구한다. 그러나 이제 공산주의에서 생산은 개별 자본가들의 사적 이익을 도모하는 것이 아니라 모든 사람들에게 혜택이 가게끔 협동적으로 계획될 것이다. 즉 공산주의 사회는 모든 사람이 부를 공유하고, 상품생산 체계가 인간의 진정한 욕구를 위한 사용체계로 대체된다는 점에서 비계급적이다. 공산주의는 각 개인 사이의 경쟁관계를 청산하고, 각 개인 사이의 협력관계를 통한 사회발전을 모색한다.

공산주의 사회에서의 물질적 풍요와 인간 성격의 변형으로 인해 계급 적대적 성격을 지닌 국가는 더 이상 존재하지 않고 사라질 것이다. 즉 공산주의 사회의 도래와 함께 '인간의 전사(prehistory of man)'는 그 종말을 고한다. 하지만 이 단계가 곧바로 일어나지는 않을 것이다. 프롤레타리아 계급은 자본주의적 생산 형태를 폐지하기 위해 다른 계급들에 대해 자신을 주장해야 한다. 비록 자본주의가 전복되었다고는 하나 자본주의적 잔재들이 모두 다 사라진 것은 아니다. 그래서 맑스는 '프롤레타리아 계급의 독재'라는 단계를 설정하고 있다. 하지만 일단 자본주의 생산이 사회주의 생산으로 대체될 때 계급에 의한 사회적 분할은 사라질 것이고, 개인의 이해관계와 사회의 이해관계 사이의 갈등도 사라질 것이다. 따라서 계급적 성격을 가진 국가는 사라질 것이다.[107]

여기서 한 가지 사실에 주목하자. 맑스는 공산주의 사회에서 국가는 사라질 것이라고 했다. 그렇다면 이 말은 아무런 통치기구도 존재하지 않는다는 말인가? 결코 그렇지 않다. 맑스가 말하는 것은 계급적 이해관계를 관철하기 위해 다른 계급을 착취하는 데 봉사하는 계급국가의 소멸이다. 하나의 정치체가 존재하기

<hr>

107 《노동자 계급의 정치활동에 관해》라는 짤막한 글에서 엥겔스는 공산주의 사회의 건설과 관련하여 그 의미 및 수단을 이렇게 정의하고 있다. "우리는 계급의 폐지를 원한다. 이를 달성할 수단은 무엇인가? 프롤레타리아의 정치적 지배다."

108 '사회주의'라는 개념에 대한 정의는 통일된 상태가 아니다. 여기서 간단히 사회주의에 대한 정의를 살펴보면 이렇다. 찰스 테일러(Charles Taylor)는 사회주의를 "공동의 소유제도와 생산수단의 통제, 혹은 중요 부분의 생산수단에 대한 통제조건. 그러한 통제는 (……) 전체 인민을 위해 (……) 전체 인민의 결정에 따라 행사되는 상태"로 정의하고 있다. 톰 보터모어(Tom Bottomore)는 사회주의를 "모든 인간이 경제적인 자원, 지식 및 정치권력에 접근할 수 있는 기회균등이 최대한 가능하고, 어떤 개인 혹은 사회집단이 다른 사람에게 행사할 수 있는 지배 가능성이 최소한인 사회질서"로 규정하고 있다. 리처드 로웬탈(Richard Lowenthal)은 사회주의를 "이윤을 동기로 하는 산업경제에서 자연발생적으로 형성되는 것보다는 더 큰 사회 및 경제적 평등, 보다 높은 사회 및 경제적 안정, 그리고 보다 강력한 공동체의 가치를 강조하는 사회질서"로 정의하고 있다. 알렉 노브(Alec Nove)는 사회주의를 "정치 및 경제의 민주주의와 함께 경제에 있어 사회적 소유제도"의 우선적 추구로 정의하고 있다. 개빈 키칭(Gavin Kitching)은 사회주의를 "개인, 사회, 자연환경에 대해 가능한 한 최대한의 의식적인 민주주의적 인간통제의 행사"로 정의하고 있다. 이상의 정의를 놓고 볼 때 분명히 사회주의가 지향하고 있는 가치는 민주주의, 평등, 공동체, 생산수단의 사적 소유 폐지 등이다. 이러한 가치 설정은 인간의 '진정한' 자유를 실현하기 위한 전제들이라고 볼 수 있을 것이다.

위해서는 이에 필요한 장치들이 존재해야 한다. 문제는 이러한 장치 내지는 기구들이 지니는 성격이다. 간단히 말해 공산주의는 페트로비치(Gajo Petrovic)가 정의한 사회주의처럼[108] "모든 개인의 자유로운 창조적 발전 가능성을 보장하는 사회"다.

3장
총체적 평가

맑스는 무엇을 전달하려 했나

맑스가 정치경제학과 역사에서 이룩한 성과를 두고 어떤 이들은 '과학적인 발견'이라고 말하고, 어떤 이들은 '과학적인 발견'이 아니라고 말한다. 어쨌거나 적어도 맑스가 '정치경제학 비판'에서 이룬 성과만큼은 '과학적인 발견'이라고 말할 수 있을 것이다. 맑스는 단지 이 세계를 해석하려 했던 철학자에 불과한 인물은 결코 아니었다. 자신이 열정적으로 표명했던 것처럼 맑스의 사명은 이 세계를 변혁하는 것이었다. 인간이 소외를 극복하고 진정으로 자유로워지게 하는 것이었다.

그래서 맑스는 '정치경제학 비판', 자본이 지배하는 사회에 대한 비판적 해부를 단행했던 것이다. 이에 대해 반론을 제기할 사람은 아무도 없을 것이다. 이 장에서는 맑스가 한 언명 내지는 주장들, 다시 말해 자본주의 체제 붕괴론, 노동자 궁핍화론, 중심부 혁명이론, 역사발전의 주체자(담지자) 이론 등이 지니는 적합성과 의미를 오늘날의 상황과 결부시켜 검토하려 한다. 필자는 가능한 한 검토가 결과에 치우친 분석이 되지 않도록 할 것이다. 어떤 언명 혹은 논의가 과학적이라고 해서 반드시 이에 비례하는 결과가 초래된다고는 할 수 없다.

노동자 대중의 궁핍화_자본가 계급과 노동자 계급 사이의 소득 격차는 증대할 것이다 맑스는 《자본》 제1권 23장에서 '자본주의 축적의 일반적 법칙'에 관해 분석하고 있다. 그가 여기서 주목한 점은 자본주의 발전과 함께 나타나는 자본의 유기적 구성의 증대[109]와 노동자의 궁핍화 현상이다.

산업자본주의 초기 단계에서 영국의 노동자 계급이 실제로 받았던 임금을 보면, 그들의 생활이 상당히 비참했음은 틀림없는 사실이다.[110] 그들은 8시간 이상 일하고도 편안한 생계를 유지할 만한 수입을 얻을 수 없었다. 원래 노동임금은 노동자의 생계비와 노동력의 재생산을 위해 필요하다고 생각되는 부분을 환산하여 시간당으로 산정했다. 그러나 산업자본주의의 초기단계에서 노동임금은 이 기준액에 못 미쳤다. 그래서 노동자 대중은 빈곤 속에서 헤매고 있었다.

하지만 자본주의가 지니는 내적 모순, 즉 생산력과 생산관계의 모순을 그냥

----

109 이 점은 이렇게 이해하면 된다. '자본의 유기적 구성'은 불변자본 대 가변자본의 비율을 나타내는 것으로 자본주의가 발전함에 따라 불변자본 대 가변자본의 비율이 증대한다. 다시 말해 자본가는 기계 및 설비투자 등에 대한 투자를 임금에 투하하는 투자보다 더 많이 증대시킨다.
110 프리드리히 엥겔스는 《영국 노동계급의 상황》이라는 짤막한 글을 썼다. 이 글에는 영국 노동자의 상황이 간단하게 묘사되어 있다. 맑스는 《자본》 제1권 8장 6절에서 1833년에서 1864년까지의 영국의 공장입법에 관해 논의하고 있다. 이 논의를 보면 노동자의 생활이 어느 정도로 비참했는가를 가히 짐작할 수 있을 것이다.

산업자본주의 초기 단계에 영국 노동자 계급의 생활은 매우 비참했다.

방치해두면 어떠한 일이 벌어지겠는가? 자본주의가 지속적으로 유지되려면 건강한 노동력이 존재해야 한다. 이는 자본 증대를 통해 자본주의가 유지되고 팽창되기 위해서 필수적으로 갖춰져야 하는 대전제다. 자본가는 '이윤'이라는 몫을 가져가기 위해 생산과정에 투하된 노동을 최대한 효율적으로 사용해야 한다. 즉 '사회적 필요노동시간'을 줄이고 '잉여노동시간'을 늘려야 한다. 그런데 자본가가 노동자에게 생계비와 노동력의 재생산에도 못 미치는 수준의 임금을 계속 지불한다면 자본주의 체제가 효율적으로 작동할 수 있겠는가?

적어도 자본주의가 제대로 확대재생산되기 위해서는 일차로 노동자 대중의 생활을 안정시켜 주어야 한다. 자본주의 체제가 존재하고 지배적인 체제로서 유지되기 위해서는 자본이 계속 뒷받침되어야 하는데, 이 자본을 지속적으로 형성해주는 것이 바로 임금노동이다. 따라서 임금노동자가 존재하지 않는다면 자본주의는 확대는커녕 유지도 될 수 없다. 물론 오늘날 여러 가지 다양한 변수들이 작용하고 있다. 하지만 그래도 여전히 자본의 증식은 기본적으로 임금노동을 통하여 이루어진다는 사실을 부인할 수 없다.

바로 이런 임금노동의 중요성 때문에 1945년 이후 세계가 두 개의 진영으로 분할되어 정치적 대결구도로 들어섰을 때 서구의 자본주의 국가들이 하나같이 '복지국가'라는 구호를 내걸고 복지사회를 추구한 것이다. 이에 따라 노동자 대중의 생활은 안정되고 실질 임금수준과 생활수준이 향상됐다. 적어도 1970년대 중반까지 서구의 자본주의 국가들은 건강, 주택, 교육이라는 공공서비스의 공급에 막대한 예산을 지출했다. 자본주의 체제의 기본적인 전제조건인 총사회적 노동력의 재생산을 위해서였다.

내적으로 자본주의 체제를 더욱 탄탄히 하고 외적으로 체제경쟁에서 승리하기 위해 각국 정부는 사회보장 부문에 막대한 지출을 해야 했다. 이유야 어떻든 노동자의 생활수준은 향상됐다. 그런데 맑스는 어떻게 말하고 있는가? 그는 이렇게 말하고 있다. "자본가와 노동자 사이의 소득격차는 증가할 것"이고, "점점 더 많은 독립생산자들이 프롤레타리아로 전락할 것이며, 소수의 부유한 자본가들과 다수의 가난한 노동자들이 생겨날 것이다." 나아가 그는 이렇게도 말한다. "노동자의 임금은 일시적인 예외들을 동반하면서 생계수준으로 남을 것이다." 맑스는 노동자의 절대적 궁핍화를 염두에 두고 이런 예언을 한 것일까? 맑스의 이 예언에 관해 한번 생각해보자.

1970년대 중반 이후 서구 자본주의 진영은 '복지국가' 이념과 정책을 점차 후퇴시키기 시작했다. 일례로 1979년에 영국의 정권을 장악한 보수당의 대처 정부는 '복지국가'의 이념을 '신보수주의' 이념 아래로 넣어버렸다. 이 정부는 모든 경제영역을 '시장'이라는 장치에 일방적으로 맡겼다. 신보수주의라 불리는 대처의 이념은 '사회와 같은 물건은 없고, 오로지 개인과 가족만이 있다'는 것이다. 개인은 시장에서 생산자와 소비자로 활동하면서 자신이 지닌 창의성과 능력을 최대로 개발하고, 일이 끝난 후에는 가정으로 돌아가 안식을 누린다. 대처 정부는 복지국가 혹은 '유모국가'는 의존문화를 양산하고, 시장에서 '선택의 자유' 형태로 표현되는 자유를 해친다고 주장했다.

사실 2차대전 직후 영국의 보수당과 노동당은 '사회민주주의 합의'라는 구호 아래 복지국가 이념에 대해 초당적 합의를 이끌어냈다. 하지만 대처 정부가 들어서고 난 후 이러한 합의는 급격하게 후퇴했다. 대처 정부는 노동조합을 탄압하고 자본가의 이득을 위해 활동했다. 앞에 제시한 맑스의 인용문대로, 단기적인 예외는 있겠지만 "노동자의 임금은 생계수준으로 남는다"는 점이 입증된 것이다.

오늘날 여러 통계들에서 잘 부각되고 있듯이 복지국가의 후퇴와 함께 노동자의 실제 생계수준은 떨어졌다고 할 수 있다. 반면에 자본가의 이윤은 상대적으로 증대했다. 따라서 자본가와 노동자의 소득격차는 사실상 커진 것이다. 생각해 보라. '경제의 양극화 현상'이라는 말의 의미를. 노동자는 경제의 양극화 현상 속에서 '절대적' 빈곤감을 체험하는 것이 아니라 '상대적' 빈곤감을 체험한다. 맑스가 말하고자 했던 점 역시 노동자가 느끼는 이런 '상대적' 빈곤화다. 오늘날 범지구적 자본주의 체제 아래에서 노동자와 자본가의 소득격차가 증대하는 것은 분명한 사실이다.[111] 그러므로 맑스의 언명이 잘못되었다고 말할 수는 결코 없을 것이다. 풍부한 노동시장이 존재할 경우 노동시장에서 인간의 노동이 제대로 가치를 인정받을 수 없다는 점은 지극히 명확하다. 왜냐하면 자유지상주의적 자본

---

111 독자들은 이에 대한 통계들을 유엔의 보고서나 또 다른 경험적 연구들을 통해 접할 수 있을 것이다.

주의는 수요와 공급이라는 단순한 원리를 '자연발생적 질서'[112]로 간주하고 신의 섭리인 것처럼 맹신하기 때문이다.

그렇다면 범지구적 자본주의 체제 밑에서 과연 노동자는 자유롭게 자신들이 지닌 능력들을 잘 발휘하고 있는가? 그렇지 않다. 오늘날 신자유주의적 자본주의는 경제발전 및 경영의 효율성을 기한다는 명목 아래 '노동의 유연성'이라는 정책을 채택하고, 이에 따라 노동자의 해고를 자유롭게 행하고 있다. 풍부한 노동력이 존재하고 있는 마당에 자본가의 입장에서는 복지에 신경 쓸 필요가 없다. 복지는 단지 당사자들이 해결해야 할 능력의 문제로 귀착된다. 그런 까닭에 노동자의 생계를 유지할 수준의 임금만 지불하면 될 것이다. 건강한 노동력의 재생산을 단지 한 국가에 한정시킬 필요는 없지 않은가! 범지구적 자본주의 체제 밑에서 자본은 거침없이 이 국가 저 국가를 마음대로 돌아다니고 있다. 한마디로 국가가 간섭하는 영역이 상당히 축소된 가운데 자본은 자신의 운동을 마음껏 관철하고 있다. 자본은 이윤이 존재하는 곳이면 언제라도 달려간다. 이것이 곧 맑스가 《자본》에서 폭로하고자 했던 '근대사회의 경제적 운동법칙' 즉 '자본의 변증법'인 것이다. '자본의 변증법'이 지배하는 곳에서 자본가와 노동자의 소득격

----

112 1970년대 등장한 신우파(New Right)를 대변하는 프리드리히 하이에크(Friedrich Hayek)는 '시장'은 '자연발생적 질서'이며, 사회적 번영을 위해서는 '죽은 손'인 국가는 이 자연적 질서에 결코 간섭해서는 안 된다는 입장을 강력하게 주장했다. 국가의 간섭은 단지 개인의 자유를 침해할 뿐이기 때문이라는 것이다. 한마디로 말해 신우파의 입장은 '사적인 것은 좋고, 공적인 것은 나쁘다'는 것이다. 신우파가 지니는 중심적 지주는 '개인'과 '시장'이다.

차는 필연적으로 증대할 것이다. '단기적인 예외'를 제외하고는.

자본주의 체제 붕괴론_자본주의 체제는 내적 모순으로 인해 붕괴할 것이다
맑스는 《자본》 제1권, 24장, "이른바 시원적 축적"에서 자본축적의 비밀과 산업 자본가들의 발생사 및 자본축적의 역사적 경향에 관해 논의하고 있다. 특히 그는 '자본축적의 역사적 경향'과 관련하여 자본주의 체제는 필연적으로 붕괴할 것이라고 주장한다.

맑스가 쓴 다소 긴 문장을 인용해 보자. 이 문장을 인용하는 이유는 인용문의 의미를 맑스가 지녔던 의도에서 파악하기 위해서다.

"이 수탈은 자본의 집중을 통해 이루어진다. 한 자본가는 많은 다른 자본가들을 죽인다. 이러한 집중 혹은 소수의 자본가들에 의한 다수 자본가들의 수탈과 병행하여 끊임없이 성장하는 노동과정의 협업형태, 과학의 의식적인 기술적 응용, 토지에 대한 계획적 착취, 노동수단의 공동적인 사용으로의 전환, 결합적이고 사회적인 노동을 생산수단으로 이용함으로써 일어나는 모든 생산수단의 절약, 세계시장망 속으로의 모든 인민의 편입 등으로 인해 자본주의 체제의 국제적 성격이 발전하게 된다. 이 전환과정에서 발생하는 모든 이익을 강탈하고 독점하는 대자본가의 수가 지속적으로 감소함에 따라 빈곤, 억압, 예속, 착취의 양은 증대한다. 그러나 지속적으로 팽창하는 자본

주의적 생산과정 자체의 장치를 통해 훈련되고 통일된 조직화된 노동자 계급의 분개 역시 증대한다. 자본의 독점은 생산양식의 족쇄가 된다. 이 생산양식은 자본의 독점과 함께, 그리고 자본의 독점 아래 그 열매를 맺는다. 생산수단의 집중과 노동의 사회화는 하나의 지점에 도달하는데, 이 지점에서 이것들은 자본주의적 외투와 양립하지 않게 된다. 자본주의적 외투는 폭발하게 될 것이다. 자본주의적 사적 소유의 최후의 순간이 내리친다. 강제징수자들이 강제징수 당하게 된다.

자본주의 생산양식으로부터 발생하는 자본주의적 선점양식, 즉 자본주의적 사적 소유는 노동에 기반을 둔 개인적인 사적 소유에 대한 첫 번째 부정이다. 그러나 자본주의적 생산은 하나의 자연적 과정이라는 필연성을 가지고 이 생산에 대한 부정을 생산한다. 이것은 부정의 부정이다. 이 부정은 사적 소유를 다시는 생산해내지 않는다. 그러나 이것은 자본주의 시대에 이룩한 성과물을 토대로 개인적 소유를 생산해낸다. 즉 자본주의 시대에 이룩한 성과물이란 협동과 지구의 공동소유 및 노동 그 자체를 통해 생산된 생산수단인 것이다.”

맑스는 이 문장에서 '부정의 부정', '자본주의적 사적 소유의 최후의 순간이 내리친다' 등을 언급하면서 자본주의 체제는 필연적으로 붕괴하리라고 예언하고 있다.

    정통 맑스주의자들은 《자본》 제3권의 '이윤율 체감 경향의 법칙'을 토대로 하여 자본주의 체제의 필연적 붕괴를 주장하고 있다. 자본주의는 그 발전과 함께 자본의 유기적 구성이 증대하고, 이에 따라 이윤율이 저하하는 경향이 있는데, 이로 인해 자본주의 체제는 궁극적으로 붕괴할 수밖에 없다는 것이다. 그러나 아직도 자본주의 체제는 붕괴하지 않았다. 그렇다면 맑스의 예언은 한마디로 틀렸단 말인가! 물론 많은 맑스 비판자들은 한결같이 틀렸다고 주장한다.

    이에 대해 검토하기 위해 우리는 맑스가 진정으로 생각하고자 했던 것이 무엇인가를 그의 사상 속에서 다시 한번 음미해볼 필요가 있다. 맑스 사상의 기본적이자 궁극적인 목표는 인간의 자유 실현, 인간해방이다. 맑스가 말하는 인간의 자유 실현은 자유주의자들이 말하는 형식적, 절차적 자유가 결코 아니었다.

    표면상으로 볼 때 자본주의 사회에서 노동자는 자유롭다. 노동자는 스스로의 의지에 따라 자유롭게 계약하고, 원하지 않을 때는 노동하지 않을 권리가 있다. 얼마나 자유로운 인간인가! 하지만 실상은 그렇지 않다. 그는 생존해야 한다. 그리고 생존을 위해 무언가를 팔아야 한다. 맑스의 역설적인 표현처럼 노동자는 생산수단을 소유하지 않고 있다는 점에서, 또한 자신의 노동력을 마음대로 팔 수 있다는 점에서 자유를 향유하고 있다. 자유주의적 자본주의는 이러한 자유를 적극적으로 지지한다. 그러나 이는 진정한 자유가 아니다. 맑스가 보기에 이것은 하나의 구속, 굴레, 멍에에 불과하다. 맑스는 말한다. 자기가 사는 사회를 통제하지 못하므로 인간은 자유롭지 못하다고. 경제적 관계들은 인간의 임금뿐만 아니라 정치, 종교, 이념까지도 지배한다. 또한 경제적 관계들은 모든 사람에게 좋은 협동을 하기보다 서로 경쟁하도록 강요한다. 맑스는 이러한 상황에서 벗어나기를 누구보다 갈망했다. 그리고 갈망 속에서 '정치경제학 비판' 을 행했다.

분명히 맑스는 자본주의 사회가 필연적으로 붕괴하리라고 말했다. 하지만 그것은 자동적인 붕괴론이 아니었다. 그가 주목한 것은 구체적인 정치를 실천하기 위한 객관적 토대에 관한 것이었다. 자본주의는 이윤창출이 어려워짐에 따라 경제공황에 직면하며, 이는 곧 경제체계의 위기로 이어진다. 이 위기는 노동자에게 정치적 실천을 할 수 있는 발판을 마련해 준다. 이때 노동자가 객관적 토대를 정치적 실천으로 옮기지 못하면 자본주의는 붕괴하지 않는다. 맑스는 단지 자본주의 체제의 구조적 모순들에 관해 분석했고, 이 분석은 다른 사회로의 이행을 위한 기반을 조성해 준다는 점을 강조했던 것이다.

적어도 '부정의 부정' 이 완성을 보기 위해서 무엇보다도 필요한 것은 인간의 실천이다. 맑스가 '자본주의 축적의 역사적 경향' 이라는 개념으로 전달하려고 한 것은 인간의 실천이 동반된 새로운 사회로의 이행 가능성이었다. 맑스는 그렇게 단순한 사상가가 아니었다. 그는 《자본》 제3권의 3장에서 '이윤율 체감 경향의 법칙' 을 두 가지 관점에서 논하고 있다. 그 하나는 체감 경향의 법칙으로서의 법칙을, 또 다른 하나는 이 체감 경향의 법칙에 대한 대항 효과다. 체감 경향의 법칙에 대한 대항 효과로 그는 ① 노동의 착취도가 증대한다는 점 ② 노동임금이 노동자의 가치 밑으로 하락한다는 점 ③ 불변자본의 가격이 하락한다는 점

④ 상대적인 과잉인구가 존재한다는 점 ⑤ 대외무역 ⑥ 주식자본의 증대 등을 들고 있다.

이처럼 맑스는 자본주의 체제에서 경제위기가 발생한다고 해도 앞에 열거한 대항 효과의 영향으로 이 체제가 쉽게 붕괴되지는 않을 것이라고 판단했다. 하지만 《자본》 제1권의 '자본주의 축적의 역사적 경향'과 관련해서는 자신의 바람을 너무 강하게 노골적으로 표출했다. 사실 《자본》에는 자본주의 경제 질서의 내적 논리에 대한 분석이 담겨 있을 뿐 경제적 위기와 정치적 실천과의 체계적인 관계에 대한 모색은 담겨 있지 않다. 맑스는 누구보다도 인간의 실천을 강조했던 사상가로, 이 실천이 담보되지 않을 경우 모든 이론이 그 힘을 발휘하지 못한다는 점을 누구보다도 깊이 인식하고 있었다.

결론적으로 말해, 그는 자본주의 체제가 착취에 근거한 자유롭지 못한 사회라고 생각했다. 그는 이 착취 메커니즘의 운동논리를 폭로함으로써 새로운 사회로의 이행을 원했다. 하지만 그는 이 이행이 '자동적'으로 일어날 것이라고는 결코 생각하지 않았다. 이 이행이 일어나기 위해서는 객관적 토대에 대한 과학적 분석과 함께 정치적 실천이 필요했다. 객관적 토대에 관한 과학적 분석과 정치적 실천이 서로 결합될 때 비로소 자본주의 사회의 붕괴가 발생할 수 있다는 것이 바로 맑스가 한 주장의 핵심이다.

중심부 혁명이론_객관적 토대에 대한 이론적 인식이다

맑스는 사회경제적 상황에서 발생하는 모순으로 인해 혁명이 발생한다고 믿었다. 혁명은 본질적으로 압제자와 피압제자, 즉 착취자와 피착취자 사이의 갈등을 반영한다. 맑스는 생산력과 생산관계 사이에서 빚어지는 모순의 결과로 혁명이 발생할 것이라고 했다. 그리하여 그는 이 모순이 첨예화된 상태인 이른바 '중심부' 자본주의 국가에서 혁명이 일어날 것이라고 생각했다. 즉 생산력이 발전된 단계에서 생산력과 생산관계의 첨예화된 모순으로 인해 노동자는 자신의 사회적 존재(노동자 계급)를 인식하고, 그 존재적 한계를 극복하기 위해 체제에 도전하여 혁명이 일어난다는 것이다.

하지만 역사의 발전은 맑스의 예상을 빗나가서 1917년 10월 러시아에서 레닌에 의해 혁명이 완수됐다. 맑스의 '중심부' 혁명이론, 즉 자본주의가 발전된 단계에서 혁명이 발생한다는 이론은 그 적합성을 상실한 것이다. 이 점은 어떻게 해석해야 할 것인가? 혁명이 일어났을 때 러시아 인구의 70퍼센트 이상이 농업에 종사하고 있었다. 다시 말해 러시아는 농민이 생업에 종사하는 지배적인 인구층이었고, 다른 발전된 자본주의 국가들에 비해 생산력의 수준 역시 덜 발전된 상태였다. 이런 사실로 볼 때 러시아혁명은 생산력과 생산관계의 모순이 첨예화된 결과로 일어났다고 할 수 없다.

여기서 우리는 혁명이론과 관련하여 한 가지 사실에 주목해야 한다. 자본주의 체제의 붕괴에 관한 맑스의 주장에는 하나의 조건이 전재돼 있다는 사실이다.

붉은 광장에서 연설하는 레닌. 역사의 발전은 맑스의 예상을 빗나가서 1917년 러시아에서 혁명이 일어났다.

그것은 인간의 실천이라는 가치다. 생산력과 생산관계의 변증법적 모순이라는 관점에서 볼 때 러시아에서는 혁명이 일어날 수 없었다. 하지만 혁명이 착취자와 피착취자 사이의 갈등의 산물이라는 점에서 생각한다면(물론 맑스는 이 점을 강조했다), 동시에 혁명을 위해서는 무엇보다도 인간의 정치적 실천이 필요하다고 본다면 객관적 토대 못지않게 중요한 것이 인간의 정치적 실천이다. 따라서 맑스의 중심부 혁명이론은 생산력과 생산관계의 중요성을 너무 강조한 이론이라고 할 수 있을 것이다. 객관적 토대는 실천을 위해 중요한 하나의 필요조건이기는 하지만 모든 것은 아니다. 혁명은 토대와 실천의 변증법적 통일이 이루어질 때 비로소 가능하다.

역사의 주체자_아직도 프롤레타리아인가?

맑스는 자본주의 사회에서 사회주의 사회로의 이행을 책임질 역사의 주체자 혹은 변혁의 실천적 담지자로 프롤레타리아를 설정했다. 이는 분명 옳은 판단이었다. 적어도 그가 살았던 시대적 배경을 고려해보면 말이다. 자본가 계급이 자본주의 체제를 부정하는 다른 사회로의 이행을 왜 원한단 말인가? 그들이 봉건제적 질서를 부정했던 이유는 자신의 자본을 증대하기 위한 사회질서를 창출하고 확대하기 위해서였다. 다시 말해 노동력을 자신의 임의대로 얼마든지 사용하기 위해 인간의 자유, 평등, 박애를 외쳐댄 것이다.

자본가 계급은 자본주의 질서를 창출하고 난 후에도 자본의 증식과 확장을 위해 계속해서 이 구호를 외쳐대고 있다. 자본주의의 기본 속성상 개인의 자유를 주장함은 지극히 당연한 일이다. 오늘날 자본주의는 평등한 인간관계 및 개인의 능력을 바탕으로 이윤을 추구하고 그 이윤을 극대화하기 위해 모든 방편을 총동원하고 있다. 그리하여 사회적 관계라는 관점에서 볼 때 오늘날 인간의 삶은 격심한 원자화를 야기함으로써 변혁행위를 위해 필수적인 사회적 연대감이나 유대관계를 제대로 형성하지 못하는 경향을 보이고 있다.

덧붙이자면, 오늘날 세계를 주도하고 있는 (신)자유주의적 언술행위 속에서 '우리' 와 '나' 의 구분은 너무나 명백하게 나타나며, 이 언술행위는 인간으로 하여금 '나' 의 문제에만 모든 관심을 집중시키게끔 만들고 있다. 개인들은 공적 영역에서 사적 영역으로 후퇴하며 자기중심성, 자기만족, 무감각과 쾌락 추구에 관심을 둔 생활양식을 추구한다. 이러한 상황에서 개인 혹은 인간의 의식은 '분열된 의식' 이며 인간은,

"세계로부터 눈과 귀를 닫고, 갈수록 꼬여가고 풀리지 않는 끔찍한 일들에 대해 듣지도 보지도 않으려 한다. (……) 대부분의 사람들은 아예 묻지도 않는다. 그들은 단지 무엇을 먹을지, 무엇을 하며 살지 고민해야 하는 힘든 일상에 열중할 뿐이다. 그러한 가운데 공허감은 점점 더 도를 더해 간다."[113]

간단히 말해 정치는 '나' 와 상관이 없는 문제인 것이다. 이러한 생활양식과

결부되어 오늘날 급속하게 진행되고 있는 세계화는 경제적인 측면에서 볼 때 자본의 명령이자 자본의 확장을 위한 필연적 결과다. 맑스는 이미《공산당선언》에서 자본주의의 이러한 속성을 분명히 지적하고 있지 않은가! 경계가 없는 범세계적인 생산과 소비를 말이다. 자본주의가 조화로운 경제질서라고 판단할 경우, 혁명은 무의미한 유산에 불과하다. 하지만 자본주의에 대해 비판을 가하고, 이에 대한 대안을 찾고자 한다면 문제는 달라진다. 요컨대 역사변혁의 주체가 필요하다. 19세기 및 20세기 초의 자본주의적 발전국면과 현재의 발전국면은 분명히 상황이 다르다. 이 점에 관해 새삼스럽게 언급하는 것은 시간낭비일 수도 있다. 그러나 단지 시간낭비로 치부할 수 없는 이유가 있다. 적어도 인간의 자유와 해방에 관해 진지하게 성찰한다면 말이다.

사회를 변혁하려 할 때 무엇보다도 필요한 것은 변혁의 주체다. 변혁의 주체가 없다면 사회는 결코 바뀌지 않는다. 구체적인 역사의 발전과정이 이를 입증하고 있다.

그렇다면 자본주의 체제를 분쇄할 역사적 주체는 누구인가? 그것은 당연히 '노동력'이라는 것만을 소유하고 있는 자, 즉 프롤레타리아다. 적어도 계급이 오로지 양극화되어 있는 사회적 배경 속에서는 말이다. 사실 초기 자본주의사회,

---

113 이 인용문은 나치시대에 어떤 사람이 쓴 일기에 기록된 내용이다. 이 문장이 비록 나치체제와 관련된 것이기는 하지만 오늘날 신자유주의적 사회질서 속에서 팽배해 있고, 또한 심화 및 확장되고 있는 개인들의 의식이 아닐까 하는 생각에서 인용해 보았다.

혹은 초기 산업사회에서 사회를 지탱한 두 개의 지축은 자본가와 노동자였다.[114] 그런 까닭에 역사적 주체는 역사변혁의 필요성을 체험하고 있는 사람들, 즉 노동자 계급이 되었다!

하지만 이제 사회가 계급 및 계층적으로 상당히 다원화되었기 때문에 이러한 역사적 주체자의 설정에 관해서는 재검토해 볼 필요가 있다. 특히 1960년대에 '신좌파(New Left)'의 출현은 후기 산업사회의 다양한 문제들을 계급분석의 틀을 벗어나 재검토하게 하는 계기가 됐다. 그럼에도 불구하고 노동자 계급은 현재의 자본주의 사회를 움직이고 있는 커다란 세력임에 틀림없다. 하지만 역사변혁의 주체를 이 계급에게 일방적으로 돌리기에는 현대 자본주의 사회의 문제들이 너무 포괄적이다. 역사변혁의 주체는 각 국가의 발전단계를 고려하여 설정하는 것이 타당해 보인다.

사실 이른바 선진 자본주의 사회의 노동자 계급은 체제 내로 많이 흡수되었다고 보는 게 적절하다. 비록 1945년 이후에 부흥했던 '복지국가' 이데올로기가 현재는 상당히 그 위세가 수그러들었지만 그래도 여전히 그 힘을 발휘하고 있기 때문이다. 다시 말해 이들 국가는 다양한 복지혜택을 통해 노동자 계급을 체제 내로 흡수함으로써 체제의 안정과 더불어 노동자 계급의 혁명성을 거의 둔화시

---

114 항상 명심하기 바란다. 자본주의 사회에서 적대적 관계는 본질적으로 자본과 노동 사이에서 비롯되며, 결코 자본가와 노동자 사이의 개인적인 적대감은 아니다. 거듭 말하지만 자본과 노동에게 인격을 부여하게 되면, 그것이 곧 자본가와 노동자로 된다. 자본가와 노동자는 구체적인 이해관계를 추상화시킨 개별적인 차원에서 친구 관계를 형성할 수 있다. 하지만 사회적 존재자로서의 관계로 돌입하게 될 때, 이 친구관계는 성립할 수 없다.

컸다고 할 수 있다. 반면 아직 그렇게 하지 못한 국가들에서는 사정이 다르다. 맑스가 《공산당선언》에서 한 말처럼 "만국의 프롤레타리아가 단결"하지는 못한다 할지라도 그러한 국가에서 노동자 계급은 여전히 사회변혁의 주체로서 활동할 여지가 상당 부분 남아 있다.[115] 하지만 사회변혁이 성공적으로 이루어지기 위해서는 하부구조적 혁명의 주체세력과 상부구조에서의 주체적 변혁이 결합되어야 한다. 상부구조에서의 주체적 변혁이라 함은 '위로부터의 변혁', 즉 정치 영역, 문화 영역, 이데올로기 영역에서의 변혁을 의미하는 것으로, 하부구조를 반영하는 것이기는 하나 하부구조를 그대로 반영하는 변혁은 아니다. 간단히 말해 자본주의 비판 및 실천에 대한 담지자로서의 노동자 계급의 역할은 필요조건이기는 하나 충분조건은 아니다. 하지만 사회적 변혁이 소외당하고 있는 세력으로부터 비롯된다는 점을 상기해 볼 때 여전히 하나의 소외세력인 노동자 계급의 역사적 실천은 중요하다고 볼 수 있다.

특히 시간과 공간의 압축을 통해 급진적으로 이루어지는 세계화의 상황에서 계급투쟁은 비록 아주 어렵기는 하지만 실행 가능한 하나의 선택이자 동시에 반드시 필요한 선택이다. 노동자들의 계급투쟁이 어려운 이유는 여러 가지가 있

---

115 맑스는 노동자 계급이 역사변혁의 주체가 되기 위해서는 '자국(自國)에서 계급으로서 조직되어야 하며', 국내 무대가 노동자 계급의 '직접적인 무대'라는 점을 지적하고 있다. 이러한 점에서 노동자 계급의 투쟁은 '내용상으로서가 아니라 형식상으로' 일국적인 것이다. 이 점이 맑스가 《공산당선언》의 마지막에서 주장하고 있는 "만국의 프롤레타리아여 단결하라!"는 구호와 모순되는 것은 결코 아니다. 맑스가 생각하듯이 국가마다 서로 다른 발전국면을 띠기 때문에 혁명이 여러 국가에서 동시다발적으로 발생하는 것은 불가능하다. 각각의 국가들은 나름대로의 역사적 특수성을 지니고 있다는 점을 기억하라.

을 수 있겠으나, 무엇보다 자본과 비교해 볼 때 노동은 이동이 쉽지 않는 반면에 자본의 이동에는 결코 많은 시간과 노력이 요구되지 않는다는 점을 하나의 이유로 꼽을 수 있다. 단지 단추 하나의 작동으로도 자본은 결집과 이동을 아주 용이하게 행할 수 있다. 신자유주의 이데올로기와 결부되어 행해지고 있는 세계화 혹은 지구화된 자본주의에서 사회적 생활은 점차 더 비인간화되고 어떠한 윤리적 내용도 가지지 않게 된다. 이러한 세계사적 정세 속에서 우리가 비인간화의 극복에 관해 생각해 본다면, 여전히 계급투쟁이 지니는 의미를 간과할 수는 없을 것이다.

이상에서 맑스의 선언 및 주장들에 대한 적합성 여부를 검토해 보았다. 문제는 맑스의 주장이 '틀렸다' 거나 '옳았다' 는 식의 해석이 아니다. 중요한 점은 현대를 살고 있는 사회구성원들에게 맑스는 어떠한 메시지를 전달하고 있는지를 음미하는 것이다. 맑스의 말처럼 "지금까지 존재한 사회의 역사는 계급투쟁의 역사였다." 다시 말해 자본주의 사회 또한 인간의 자유 및 해방을 외치고 있기는 하지만 계급투쟁이 진행 중에 있는 사회다. 물론 계급투쟁의 범주에서의 변화가 있기는 하지만 말이다. 그리하여 맑스는 '인간의 자유', '인간해방' 을 위해 하나의 근본적인 물음을 던졌다. 그리고 이에 대한 답은 "각 개인의 자유로운 발전이 모든 사람의 자유로운 발전을 위한 전제가 되는 사회"인 공산주의 사회의 건설이었다. 철학자로서의 맑스에게 '자유', '실존', '본질', '평등', '해방' 등과 같은 개념들은 실로 중요한 가치들이었다. 동시에 그에 있어 이러한 가치들은 홀로 분리되어 실현될 수 있는 성질의 것이 아니었으며, 상호연관성 속에 혹은 사회구조 속에 총체적으로 결합돼 있는 개념들이었다. 맑스가 궁극적으로 달성하고자 했던 것은 인간의 자유 실현이었다. 그는 그 자유를 실현하기 위해 일생을 바쳐 '정치경제학 비판'을 수행했다.

4장
성찰의 시간

세계화의 멍에 속에서

오늘날 한국사회에서 너무나도 자주 등장하는 화두는 이른바 '세계화' 다. 거의 모든 사람들이 이 단어에 얽매인 삶을 영위하고 있으며, 또한 그런 삶을 아주 정상적인 삶인 양 생각하고 받아들인다. 그리하여 세계화의 시대적 흐름 속에서 개인과 국가가 생존할 수 있는 유일한 방법이 경쟁력을 향상시키는 데 있다고들 말한다. 맞는 말이다. 적어도 우리가 세계화라는 단어를 무비판적으로 받아들이는 한에서는 말이다.

세계화는 정치적, 문화적, 경제적 차원에서 그 의미를 규정할 수 있을 것이다. 하지만 이 글에서는 세계화의 의미를 경제적 차원에서 생각해 보고자 한다. 독자들은 항상 명심해 주기 바란다. 역사에 대한 맑스의 유물주의적 개념은 역사의 발전을 상부구조(정치, 법률, 문화, 종교, 이데올로기 등)에 대한 토대(경제)의 규정성이라는 관점에서 해석한다는 사실을. 그런 까닭에 맑스의 관점에서 볼 때 세계화를 정치적 차원, 문화적 차원, 그리고 경제적 차원으로 분리하여 해석함은 별로 적절하지 못한 방법일 것이다. 그래서 이 글에서는 무엇보다도 경제적 차원에서의 세계화를 해석하고자 한다. 일반적인 차원에서는 세계화를 시간과 공간의 압축을 통한 의사소통망의 형성으로 정의해 볼 수 있다. 덧붙이자면 인터넷망의 발전으로 인해 시간성과 공간성의 의미가 상당히 축소되었다는 것이다. 그리하여 세계의 주민들은 다른 국가에서 일어나는 사건들을 시간과 공간의 제약에 별로 구애받지 않고 다 접할 수 있다.

세계화는 하나의 이데올로기로 굳건히 무장하고 있으니, 그것이 곧 '신자유주의' 다. 신자유주의가 내세우는 기치는 개인의 '자유' 와 '경쟁' 이다. 이 이데올로기가 자본주의와 결합하여 이른바 '시장' 을 자연적 질서로 규정하면서 자본주의적 세계관을 보편적 세계관으로 미화한다. 필자는 여기서 세계화에 관한 논의를 심도 깊게 행할 의도는 없다. 필자가 문제삼고자 하는 점은 세계화의 환경 속에서 맑스의 사상이 지니는 의미를 앞서 행한 논의들과 결부시켜 인간의 복지라는 관점에서 한번 성찰해보자는 것이다. 요컨대 성찰을 위한 질문은 간단한 것이다. 세계화는 인간의 삶을 행복하게 만들었는가?

세계화라는 단어에 대해, 혹은 세계화가 개인과 공동체 일반에 미친 영향에 대해 어떤 사람들은 긍정적으로, 또 다른 사람들은 부정적으로 평가하고 있다.[116] 필자는 세계화가 개인과 공동체에 미친 영향을 부정적인 관점에서 보고자 한다. 필자가 보기에 세계화는 인간복지의 증대라는 역사적 관점에서 평가해 볼 때 분명히 부정적인 영향을 미쳤기 때문이다. 그렇다면 세계화는 인간공동체에 어떠한 영향력을 행사했는가? 간단히 정리해보면 이렇다.

첫째, 세계화는 금융자본 및 자본가들의 활동공간을 자유로운 방향으로 이동시켰다. 자본은 황금알(이윤)을 낳는 곳이라면 어디든 상관없이 무차별적으로 달려간다. 자본주의 국가는 자본의 사회적 투자를 필요로 하며, 투자를 유치하기 위한 매력적인 정책을 추구해야 한다. 즉 국가는 국내 자본가들과 국제 자본가들의 입맛에 맞는 정책을 실행하도록 강요받는다. 이러한 강요로 인해 국가는 이른바 비생산적인 복지지출을 줄이고 가능한 한 억제하고자 한다.

둘째, 세계화는 사회복지, 사회정의, 혹은 사회적 권리보다는 무엇보다도 국제적인 경쟁에 초점을 맞추면서 복지국가가 아닌 경쟁국가를 창출해낸다. 복지는 각 개인의 능력에 따라 해결해야 하는 개인적인 문제가 된다.

셋째, 세계화는 인간복지에서 가장 중요한 부분을 형성했던 노동과 고용에 부정적인 영향을 미쳤다. 1990년 이후 '실존사회주의 국가'들의 붕괴는 세계화의 논리를 더욱더 정당화시켰으며, 자본주의 사회에서 노동의 집단적인 교섭력을 약화시켰다. 덧붙이자면 세계화는 자본의 입지를 확장시킴으로써 노동에 대해 종전보다 더 큰 영향력을 행사하게 했고, 이러한 입지의 확장을 통해 노동조합에 위협을 가함으로써 노동조합의 입지를 약화시키고 양보를 이끌어냈다. 생

---

116 이에 대한 실증적인 연구결과들이 많이 있다. 하지만 이 글에서 일일이 학자들의 이름을 거론하지는 않겠다. 단지 연구결과만을 언급하고자 한다.

각해보라. 임금이 높고 파업이 잦다는 이유를 들어 국외의 다른 장소에 공장을 지어 제품을 생산해내겠다고 위협한다면 노동자들의 반응은 어떨까? 간단히 말해 자본의 이동성 증대 내지는 입지의 확장은 노동의 조직화에 치명적인 영향력을 행사했다. 한 연구에 따르면 1970년대 중반과 1990년대 중반을 비교해 보면, 미국의 노동조합원 수는 3500만 명에서 1500만 명으로 현저히 감소했다고 한다.

넷째, 노동과 고용에 미친 영향의 연장선상에서 세계화는 사회적 협력관계 혹은 동반자적 관계의 틀을 붕괴시켰다. 사실상 노동과 자본은 적대적인 관계다. 하지만 상황논리 혹은 힘의 역학관계 속에서 자본과 노동은 잠정적인 타협을 해야 한다. 자본은 노동을 필요로 하며, 노동 혹은 노동자 역시 생존하기 위해 자본을 필요로 하기 때문이다. 하지만 이 잠정적인 타협은 그렇게 오래가지 못하고, 이 타협 속에 내재되어 있던 적대감 혹은 갈등은 곧 현실로 나타났다. 경험적인 연구결과에 따르면, 1980년대 후반부터 세계화되기 시작한 스웨덴 경제는 자본의 대규모 이동으로 인해 동반자적 관계 혹은 계급적 타협이 붕괴됐다. 유연화 전략[117]에 기반하여 생산과 투자전략을 발전시켜야 했던 세계화의 흐름 속에서 스웨덴의 자본이 스웨덴 정부의 정책을 거부했다. 이러한 상황은 마찬가지로 복지국가를 지향했던 독일에서도 나타났다.

결론적으로 말해 노동의 약화, 자본에 대한 국제적인 경쟁압력, 자본 투자의

---

117 '유연화 전략'이라 함은 예를 들어 자본가들이 경영상황에 따라 노동자들을 자유롭게 해고시킬 수 있도록 하고, 동시에 국가는 이에 간섭하지 말 것을 주문하는 전략이다.

이동력이라는 세계화의 흐름 속에서 합의문화[118]는 약화 내지 붕괴되었다고 볼 수 있다.

다섯째, 이러한 합의문화의 붕괴 혹은 약화를 초래했던 세계화는 고용, 실업, 그리고 임금과 경제적 불평등에도 상당한 영향을 미쳤다. 이 점에 대한 간단한 예로는 한국사회에서 일상적으로 이루어지고 있는 이른바 '명예퇴직' 현상을 생각하면 될 것이다! 임금과 불평등 면에서 초래된 세계화의 영향을 미쉬라 (Mishra)는 이렇게 진술하고 있다. "세계화는 소득과 부의 불평등한 재분배를 선호하는 강력한 힘으로 작용하고 있는 것처럼 보인다."

사회민주당이라고는 존재하지 않지만 항상 자유가 만발하고 있다는 미국의 실례를 들어보기로 하자. 세계화가 미친 영향에 대한 연구 결과는 다음과 같다. 1970년대와 1990년대 사이에 부의 불평등은 상당한 정도로 증대하였다. 1970년대 초반에 상위 5퍼센트의 소득수입자 가구는 하위 5퍼센트의 소득수입자 가구에 비해 10배 이상의 수입을 올렸다. 1990년대 중반의 시점에 그들은 15배의 소득을 벌었다고 한다. 왜 이러한 결과가 나타난 것일까? 나는 독자에게 이렇게 말해 주고 싶다. 세계화가 인류사회의 공동체에 던져주는 메시지가 무엇인가를 곰곰 생각해보라고.

영국의 상황도 마찬가지였다. 영국에서도 임금 불평등이 1990년대에는 점

---

118 합의문화는 정부, 노동자, 자본가 사이에서 이루어지는 복지국가적 문화를 의미한다.

차적으로 감소하였지만 1970년 후반[119]에서 1990년대 후반 사이에 급격하게 확대됐다. 특히 1980년대에 불평등이 가장 급격하게 확대됐는데, 이 시기에 하위 10퍼센트의 남성 소득자의 소득이 10퍼센트가량 증가한 반면 상위 10퍼센트의 남성 소득자의 실제 소득은 50퍼센트 이상 증가했다.

이상에서 살펴 본 것처럼 세계화는 인간복지라는 관점에서 고찰해 보면, 결코 긍정적인 역할을 수행했다고 볼 수는 없다. 물론 세계화와 더불어 수혜를 입은 계급들이 존재한다. 예를 들면 중산계급 이상의 사회구성원들의 경우가 그렇다. 하지만 전체적인 관점, 즉 공동체 일반의 관점에서 볼 때 세계화는 인간복지 일반에 부정적인 영향을 미쳤다.

이제 맑스의 사상이 인간에게 던져 주는 메시지와 관련하여 자아성찰적인 입장으로 돌아가 보자. 이미 상술한 바와 같이 맑스는 무엇보다도 인간의 자유 실현에 크나큰 관심을 보였고, 이를 실현하기 위해 자신의 사상을 전개했다. 그렇다면 맑스가 말하는 자유의 실현은 과연 어떻게 이루어지는가? 그것은 현실 삶에 대한 인간의 진지한 성찰과 구체적인 실천을 통해서 이루어진다. 이런 성찰과 실천에서 진정한 인간해방을 위한 투쟁이 시작되는 것이다. 세계화에 대한 현실적이고도 진지한 성찰이 없다면 인간의 자유 실현이라는 구호는 공허한 메아리

---

[119] 이 시기에 대처가 이끄는 영국 보수당 정권(1979년)의 등장과 함께 이른바 '신보수주의' 사조가 등장했다. 대처 정부는 신보수주의 이데올로기에 입각하여 모든 정책을 추구했다. 신보수주의 정책은 경제정책이라는 점에서 볼 때 철저하게 시장의 논리에 기반을 둔 정책을 의미하며, 1970년대에 등장한 '신우파' 의 영향을 강하게 받았다.

가 될 뿐이다. 맑스의 사상은 우리에게 이렇게 외치고 있다. 세계화는 누구를 위한 것이냐고. 따라서 성찰은 세계화, 나아가서는 자본주의의 발전논리에 대한 비판으로 이어진다. 자본주의에 대한 비판적 인식 없이는 인간의 행복은 개별적인 개인들의 행복에 불과할 뿐이다. 맑스의 고뇌에 찬 외침은 공동체의 '선한 삶'을 실현하기 위한 절규다. 자본이 떨치고 있는 위세는 반자본적인 이론과 실천의 확립을 통해서만 저지할 수 있다. 만약 자본의 독주를 저지하지 못한다면 공동체 속의 인간 개개인이 과연 행복한 삶을 영위할 수 있겠는가! 하루하루가 힘든 인간에게 개인의 자율성과 자유의지에 관한 설파를 한들 그것이 과연 무슨 의미를 지니겠는가! 맑스의 성찰은 다름 아닌 이러한 점에 대한 성찰이다.

칼 하인리히 맑스(*Karl Heinrich Marx, 1818~1883*)

1818년   5월 5일, 트리어 브뤼켄가세 664번지에서 유대인 변호사 아버지인 하인리히 맑스와 어머니 헨리에테 사이에서 출생.

1830년   10월, 트리어의 프리드리히 빌헬름 김나지움 입학.

1835년   9월 24일, 김나지움 졸업 및 졸업증서 획득.

1835년   10월 15일, 본대학 법학과 입학.

1836년   10월 22일, 베를린대학 법학과 입학.

1836~1838년   철학, 역사, 예술사 강의 청강.

1837년   4월에서 8월까지, 헤겔 철학 집중 연구.

1837년   젊은 헤겔주의자인 브루노 바우어, 칼 프리드리히 쾨펜 등이 운영하던 '박사클럽' 출입.

1841년   《데모크리토스와 에피쿠로스 자연철학의 차이》라는 박사학위 논문으로 예나대학에서 박사학위 취득.

1842년   급진적 반정부 신문인 〈라인신문〉에 기고, 10월부터 편집장으로 활동. 현실문제와의 대면 속에서 경제학 연구의 필요성 실감. 엥겔스와 처음으로 만남.

1843년   프로이센 정부에 의해 〈라인신문〉 강제 폐간. 편집장 사임. 6월 예니
        와 결혼하여 파리로 이주. 경제학과 프랑스 사회주의 연구.

1844년   아놀드 루게와 공동으로 파리에서 〈독불 연보〉 발간. 《경제학 철학
        수고》,《헤겔 법철학 비판: 서문》 집필. 5월 1일, 큰딸 예니 출생. 10월
        말, 엥겔스와 재회. 엥겔스는 맑스에게 경제학 연구에서의 영국의 중
        요성을 조언.

1845년   엥겔스와 《신성가족》을 공동 집필. 프랑스에서 추방되어 브뤼셀로
        감. 엥겔스와 영국 방문. 엥겔스와 《독일 이데올로기》를 공동으로 집
        필하기 시작.

1846년   둘째 딸 라우라 출생.

1847년   프루동의 《빈곤의 철학》을 비판한 《철학의 빈곤》을 집필. 엥겔스와
        함께 런던에서 결성된 공산주의자 연맹에 가입.

1848년   2월에 공산주의자 연맹의 강령인 《공산당선언》을 엥겔스와 공동 집
        필하여 발표. 벨기에에서 추방되어 쾰른으로 감. 〈신라인신문〉 창간,
        편집장 취임. 공산주의자 연맹 해산. 아들 에드가 출생.

1849년   프로이센 정부에 의해 추방되어 파리로 감. 8월부터 런던에서 망명생
        활 시작.

1850년   공산주의자 연맹 재결성 및 분열.

1851년   경제학 연구. 〈뉴욕 데일리 트리뷴〉의 유럽 통신원으로 활동. 이 무렵

부터 엥겔스가 경제적으로 지원.

1852년   《루이 보나파르트의 브뤼메르 18일》 집필. 공산주의자 연맹의 해산에
결정적인 계기로 작용한 공산당 재판이 쾰른에서 열림.

1853년   《쾰른 공산당 재판에 대한 폭로》 발간.

1855년   딸 엘레아노르 출생. 아들 에드가 사망.

1857년   《정치경제학 비판 요강》 집필 시작, 1932년에 출간.

1859년   《정치경제학 비판을 위하여》 발간.

1861년   페르디난트 라살레를 베를린에서 만남.

1863년   모친 사망.

1864년   제1차 인터내셔널(국제노동자 연맹) 창설, 개회사 작성. 프루동, 라살
레, 바쿠닌 등과 대립.《임금, 가격, 이윤》 발표.

1865년   런던에서 공산주의 인터내셔널 창립.

1866년   인터내셔널 1차 회의가 제네바에서 개최.

1867년   《자본》 제1권을 함부르크에서 출간. 인터내셔널 2차 회의가 로잔느에
서 개최.

1868년   인터내셔널 3차 회의가 브뤼셀에서 개최.

1869년   인터내셔널 4차 회의가 바젤에서 개최.

1870년   엥겔스가 런던으로 이주.

1871년   《프랑스의 시민전쟁》 집필 시작.

1872년	헤이그에서 인터내셔널 마지막 회의 개최. 바쿠닌 제명. 뉴욕으로 본부 이전.
1875년	독일 노동자당은 고타에서 사회주의 노동자당과 합병.《고타강령 비판》집필, 1891년에 출간. 자본주의에서 사회주의로 이행하는 과도기와 프롤레타리아 독재의 역사적 필연성을 강조.
1876년	바쿠닌 사망.
1877년	엥겔스와 공동으로《반(反)뒤링》집필 시작.
1878년	비스마르크의 '사회주의 탄압법' 시행.
1881년	12월, 아내 예니 사망.
1882년	알제리, 스위스, 프랑스 여행.
1883년	1월 11일, 큰 딸 예니 사망. 3월 14일, 런던 자택에서 영원한 동지인 엥겔스가 지켜보는 가운데 사망. 하이게이트 묘지에 안치.
1885년	《자본》제2권, 엥겔스에 의해 출간.
1894년	《자본》제3권, 엥겔스에 의해 출간.

인명

맑스와 사귀기

지은이 | 조현수

1판 1쇄 펴낸날 | 2007년 2월 5일
1판 2쇄 펴낸날 | 2007년 4월 25일

펴낸이 | 이주명
편집 | 문나영, 이성원
출력 | 문형사
종이 | 화인페이퍼
인쇄 · 제본 | 한영문화사

펴낸곳 | 필맥
출판등록 제2003-63호
주소 | 서울시 서대문구 충정로2가 184-4 경기빌딩 606호
이메일 | philmac@philmac.co.kr
홈페이지 | www.philmac.co.kr
전화 | 02-392-4491
팩스 | 02-392-4492

ISBN 978-89-91071-38-4 (03300)

* 잘못된 책은 바꾸어 드립니다.
* 값은 뒤표지에 있습니다.

이 도서의 국립중앙도서관 출판시도서목록(CIP)은 e-CIP 홈페이지(http//www.nl.go.kr/cip.php)에서
이용하실 수 있습니다.(CIP제어번호: CIP2007000225)